상처받은 줄도 모르고
어른이 되었다

상처받은 줄도 모르고 어른이 되었다

엄마와 세상에 상처 입은 나를
일으켜줄 자존감 심리학

선안남 지음

글담출판

일러두기

이 책에 등장하는 다양한 사례들은 '비밀 보장'과 '명확한 설명과 분석'을 위해
저자가 상담실 안팎에서 듣게 된 여성들의 이야기를 새롭게 재구성한 것입니다.

○ 차례

프롤로그 엄마를 이야기하지 않고는 도저히 설명할 수 없는 내 마음 8

Chapter 1
멀어지는 법을 알면 가까워지는 법도 배울 수 있습니다 20
내 마음의 소리 | "독립하고 싶지만 엄마 없는 삶은 상상만으로도 두려워요."
더 들여다보기 | 독립을 위한 우선 조건

Chapter2
상처는 '정상'과의 비교에서 시작됩니다 44
내 마음의 소리 | "유난하고 별난 사람으로 보일까 봐 항상 조심스러워요."
더 들여다보기 | '불편한 진심' 을 이야기할 때 필요한 4가지 마음의 태도

Chapter 3
우리는 왜 항상 같은 지점에서 상처받고 울컥할까? 64
내 마음의 소리 | "다른 엄마들은 그렇지 않은데 왜 우리 엄마만 이런 걸까요?"
더 들여다보기 | 엄마에게 화가 나고 답답할 때 확인해보면 좋을 3가지

Chapter 4
우리는 서로 다르고 그렇기에 모두 아름답습니다 90
내 마음의 소리 | "예쁘지 않으면 사랑받을 자격도 없고 성공할 수도 없어요."
더 들여다보기 | 엄마의 외모 지적으로부터 살아남기 위한 3가지 지침

Chapter 5

실수를 모두 마음에 쌓아둘 필요는 없습니다 116

내 마음의 소리 | "나는 항상 실수하고 다른 사람에게 폐만 끼쳐요."
더 들여다보기 | 자책하는 습관에서 벗어나기 위해 알아두어야 할 3가지 심리 개념

Chapter 6

타인의 마음보다는 진짜 내 마음이 더 중요합니다 138

내 마음의 소리 | "언제나 '그 사람이 왜 그랬을까?' 에 대한 답을 찾는 데 집착해요."
더 들여다보기 | 엄마로부터의 심리적 대물림을 끊기 위해 기억해야 할 5가지

Chapter 7

상처받지 않으려 애쓰는 마음이 더 깊은 상처를 가져옵니다 164

내 마음의 소리 | "어릴 때 상처받던 방식 그대로 여전히 나는 상처받고 있어요."
더 들여다보기 | 상처를 반복하려는 충동, '반복 강박' 이 일어나는 이유

Chapter 8

우리에게는 타인의 기대를 거절할 권리가 있습니다 184

내 마음의 소리 | "착한 딸, 착한 아내, 착한 며느리…… 정말 숨 막혀요!"
더 들여다보기 | 익숙하지만 불편했던 내 역할에서 벗어나기 위한 3단계

Chapter 9
누구에게나 한번은 홀로서기가 필요한 시점이 찾아옵니다 206
내 마음의 소리 | "오춘기, 왜 다 자란 지금에서야 이렇게 화가 나는 걸까요?"
더 들여다보기 | 뒤늦게 찾아온 사춘기, 오춘기 제대로 활용하는 법

Chapter 10
지금의 내 삶은 누구 탓도, 누구 덕분도 아닙니다 230
내 마음의 소리 | "엄마가 살라는 대로 살았지만, 지금의 난 행복하지 않아요."
더 들여다보기 | 치유로 나아가기 위한 상처를 대하는 5가지 마음의 태도

Chapter 11
치유받지 못한 마음으로는 누구도 용서할 수 없습니다 256
내 마음의 소리 | "용서해야 하는 줄 알면서도 그러지 못하는 내가 한심해요."
더 들여다보기 | 용서, 상처로부터 벗어나기 위해 필요한 마음의 기술

Chapter 12
셀프 스토리텔링, 나다운 삶을 찾아가는 여정 278
내 마음의 소리 | "나는 중요한 사람도 아니고, 혼자서는 아무것도 할 수 없어요."
더 들여다보기 | 어제와 다른 나를 위해 잊지 말아야 할 마음의 태도

에필로그 상처를 통해 성장하는 새로운 나 302

프롤로그

엄마를 이야기하지 않고는 도저히 설명할 수 없는 내 마음

"왜 또 엄마지요? 결국 또다시 엄마로 돌아오네요."

상담을 하다 보면 어느 한 시점에 꼭 듣는 말입니다. 상담받게 된 계기, 상담의 이유, 주된 상담의 내용은 다 다릅니다. 하지만 여성들은 딸로 살아온 수많은 시간들이 쌓여 지금의 자신이 된 만큼 결국에는 엄마를 반복적으로 이야기하게 됩니다.

그중 많은 사람들이 마음속 깊은 곳에 자리 잡은 엄마에 대한 해묵은 감정과 생각들, 엄마로 인해 품게 된 결심과 강박이 그토록 많다는 사실에 놀라곤 합니다. 때로는 엄마를 이야기하지 않고는 설명하기 어려운 마음의 힘겨움에 몸서리치기도 하고, 어느 정도 털어냈다고 생각했는데 결국 또다시 마주하게 되는 내 안의 엄마에 대해 지겨워하기도 합니다. 또 너무 많은 일에 엄마를 걸고 넘어지는 것은 아닌지, 엄마로부터 완전하게 독립하는 것이 이토록 어려운 일이었는지를 생각하며 머리를 흔들기도 합니다.

엄마는 딸의 삶에 강력한 영향을 미치는 존재입니다. 엄마가 끼친 영향이 긍정적인 것이었든 부정적인 것이었든, 그저 강력하다는 것만으로도 딸들에게 많은 한계와 제약을 갖게 하지요. 게다가 사회 문화적으로 엄마와 딸의 관계는, 이미 존재하는 갈등과 모순은 재빨리 지우고 그저 좋은 사이로만 보여지기를 강요받기도 합니다. 또한 일상에서 유지되어온 관계의 관성과 패턴의 무게에 짓눌려 불편한 진심을 꺼내기 가장 어려운 관계이기도 합니다.

가장 가까운 사람과 가장 멀어지고 싶은 모순과 갈등으로 점철된 관계가 지닌 특성과 그 틀을 직시하지 않으면 스스로 마음의 중심을 잡기가 어려워집니다. 그래서 겉으로는 엄마와 연관 짓기 쉽지 않은 삶의 많은 문제들로 혼란을 느끼지요. 그 문제들은 결국 엄마를 이야기하고 나서야 실마리를 따라갈 수 있습니다.

한 사람의 상담자인 동시에 누군가의 딸이기도 한 저는 딸들이 들려주는 엄마 이야기에 특히 주목했습니다. 엄마의 영향을 이야기하는 데에는 딸의 나이가, 사회적 지위가, 심리적 성숙도가 중요하지 않습니다. 딸로 살아온 수많은 시간이 온전한 나로 살아온 시간보다 더 긴 탓에 대부분의 딸들은 엄마가 자신을 대하던 방식 그대로 자신을 바라보게 됩니다. 그리고 이 방식은 모순과 한계를 불러와 지금 자신이 직면한 현실 속에서 스스로를 힘들게 합니다.

많은 여성들이 상담실에서만이라도 속마음을 이야기할 수 있고 새로운 관점으로 자신을 돌아볼 여지를 갖게 된 것을 다행스럽게 여깁니다. 여성들은 내개 서로에게 밀착되어 있어 각자가 지닌 모순과 결함에 크게 상처받으면서도 마음을 솔직히 이야기하기 어렵고, 이해시키기 어려운 관계의 틀에 묶여 있으니까요. 그 시작은 엄마와의 관계에서 비롯된다는 것조차 인식하지 못하니까요.

저는 이들의 이야기를 들으며 생각했습니다. 여성들이 온전한 나로 당당히 살아가기 위해서는 살면서 한번쯤은 마음에 자리 잡은 엄마와 그 엄마의 딸로 살아온 시간들을 마주하고 심리적으로 독립할 필요가 있다고요. 최근 들어 상담실에 찾아온 여성들이 엄마와의 갈등을 이야기하며 어려움을 호소하는 경우가 더 많아졌다는 사실도 이런 문제의식을 키웠습니다. 내면에 드리워진 엄마의 모습에 대해, 또 이에 대해 복잡한 마음을 가지는 자신의 마음에 대해 제대로 돌아보지 않으면 제대로 성장할 수 없습니다.

상담실에서 딸들의 삶에 엄마들이 드리운 빛과 그림자를 해독하며, 왜 그렇게 살 수밖에 없었는지에 대해, 앞으로 어떻게 살고 싶은지에 대해 듣고 또 듣고 나서야 저는 엄마들을 환상이 아닌 현실의 자리로 되돌려놓는 것이 중요하다는 사실을 알게 되었습니다. 많은 딸들이 엄마를 자애롭고 빈틈없는 이상적인 엄마가 아닌 결함투성이의 현실 속 엄마로, 그저 한 사람으로 받아들이는 과정을 거치고 나서야 치유가 시작된다는 것도 실감했습니다.

엄마와 딸이 무조건 긍정적이고 애틋한 관계만은 아니며, 너무 사랑하기에 그만큼 미워하게 되는 모순을 가장 명백히 증명하는 관계라는 것도 반복해서 보았습니다. 그 덕에 저는 엄마라고 해서 무조건 따스한 존재이거나 반드시 딸보다 분별 있거나 이해심이 넓고 이타적인 존재는 아니며, 꼭 그래야만 하는 것도 아니라는 것을 담담히 받아들일 수 있었습니다.

가족만큼 우리에게 결정적 손상을 입히는 존재도 없고, 엄마만큼 큰 상처를 입히는 존재가 없다는 불편한 진실을 직면하는 것, 그 진실을 숨기기 위해 지어온 어색한 표정과 왜곡된 몸짓들을 살피기 위해, 엄마와 딸 관계에 흐르는 모순과 불일치에 힘겨워하는 딸들에게 힘을 주기 위해 이 책을 쓰기 시작했습니다. 그것이 삶의 진실이라 해도 이상한 게 아니라고, 생각나는 대로 느끼는 대로 더 이야기를 해보라고, 그래도 괜찮다고 말해주고 싶었습니다.

이 책에는 모두 12편의 이야기가 담겨 있습니다. 분석-통찰-변화라는 세 단계에 따라 구성되어 있지만, 각각의 이야기가 완결성을 지니고 있어 관심 가는 주제부터 읽어나가도 괜찮습니다. 이 책을 통해 불편한 진심을 담고 있는 자신의 마음을 들여다보고, 정리하고, 엄마와의 적절한 마음 거리를 찾아 누군가의 딸이 아닌, 온전한 나로 자신만의 삶을 살아갈 수 있기를 바랍니다.

2018년 5월 선안남

당신 마음속 엄마는
어떤 사람인가요?

다음 문장의 뒷부분을 떠오르는 대로 적어보세요.

내가 생각하기에 엄마는 ____________________

나는 엄마를 좋아하지만 ______________________________

나와 엄마는 _________________________

문장 완성 검사는 앞부분만 제시되어 있는 문장의 나머지 뒷부분을 나의 언어로 채우는 심리 검사입니다. 빈 칸을 채워가며 평소에는 의식하지 못했던 내 안의 생각을 밖으로 꺼내 정리해보게 되지요. 제시된 문장들을 완성하면서 우리는 가장 가깝고 익숙하게 느껴온(또는 그렇게 느껴야만 한다고 생각하는) 대상인 엄마를 어떻게 생각하고 있는지를 좀더 객관적으로 들여다볼 수 있습니다.

많은 딸들이 검사에서 드러난 자신의 진심에 놀라곤 합니다. 엄마에 대한 마음이 생각보다 부정적이고 극단적이기 때문입니다. 하지만 그리 놀랄 일은 아닙니다. 엄마가 딸에게 미치는 영향이 어마어마하게 큰 만큼, 또 딸이 엄마에게 의존하고 의지하는 마음이 큰 만큼, 딸은 엄마로부터 자유롭기를 갈망하면서도 한편으로는 얽매이게 됩니다. 딸들의 의식, 무의식 세계 속에서 엄마에 대한 이미지, 엄마에 대한 마음은 복잡하게 뒤엉켜 있습니다.

'엄마', 내가 태어나 가장 먼저 입 밖으로 꺼낸 말

'나'라는 사람을 제대로 인식하기 위해 딸들은 일단 '엄마'를 알아야 했습니다. 태어나 가장 먼저 소리 내어 입 밖으로 꺼낸 가장 원초적인 말 역시 '나'가 아닌 '엄마'였지요. 자신을 인식하고 실감하기도 전에 자신을 응시하는 익숙하고도 낯선 타자를 먼저 인식했습니다. 나라는 존재가 지금, 여기에 있다는 것을 실감하기 위해 딸들은(그리고 아들들은) 일단 엄마라는 타인(혹은 엄마에 준하는 어떤 대상)을 불러야 했던 것이지요.

세상에서 가장 먼저 한 말이 '나'가 아니라는 사실, 그리고 거기에 담긴 의미, 그것이 어떤 딸들에게는 전 생애에 걸쳐 자신을 흔드는 운명이자 비극이 됩니다. 어떤 딸들은 온 생을 '엄마의 딸'이라는 경계를 넘어가볼 시도조차 하지 못한 채 엄마라는 심리적 권력자의 그늘 아래 삽니다.

그런 생의 조건 속에서 딸은 '완전히 나인 것'과 '완전히 엄마인 것', 그리고 '나와 엄마가 뒤섞인 것'을 구분하기 어렵습니다. 딸의 내면 세계에 부유하는 많은 것이 '완전히 고유하게 나인 것'보다는 '엄마와의 관계 속에서 나라고 받아들인 것'의 형태로 자리 잡혀 있습니다. 딸들은 곁에 엄마가 있든 없든, 엄마와 얼마나 가깝든 멀든, 언제나 마음속에 엄마를 품고 다닙니다. 때론 안도하고 또 때론 원망하면서요.

엄마와의 관계, 모든 인간관계의 출발선이자 복선

딸에게 엄마는 가장 원초적이고 강력한 동일시의 대상이 되기도 합니다. 엄마의 몸을 통해 생명을 얻었고 엄마에게 의존하며 생을 연명해가는 절대적 의존의 시기를 지나왔기 때문이지요.

아들 역시 엄마의 몸을 통해 태어났고 태어난 이후에도 얼마간은 엄마와 자신을 구분하지 못하는 원초적인 공생의 시기를 거치고 압도적인 의존의 감정을 느끼는 시기를 지납니다. 하지만 딸의 경우 동일시의 강도나 기간은 그보다 훨씬 더 긴데, 아들과는 달리 엄마와 딸이 상호 동시에 서로에게 깊이 자신을 투영하기 때문입니다. 엄마와 딸 사이의 동일시가 아버지와 아들 사이의 동일시보다 더 원초적이고 끈끈한 이유는 여성들은 관계 안에서 자기 자신을 찾는 성향이 더 강할 뿐 아니라 그런 특성이 강조되기 때문이지요. 이런 동일시는 득이 되기도 하지만 그만큼 많은 독을 그 안에 품고 있습니다.

딸은 엄마에게, 엄마는 딸에게 시각적으로 '바라보는' 존재가 아닌 촉각적으로 '만지는' 존재입니다. 숨결을 느낄 만큼 밀착되어 있기에 '내 것'과 '네 것'으로 뒤섞이고 감정과 욕망이 뒤엉킵니다. 이렇게 틈이 없는 거리감은 오히려 서로를 현실이 아닌 환상으로 대하게 만듭니다. 그냥 환상이 아닌 깨고 깨져도 다시 생성되고 그냥 두면 속수무책으로 자가 증식하는 환상 말입니다.

많은 딸들이 엄마와 형성한 최초의 인간관계 테두리를 돌고 돌며 자신의 삶에서 새로운 인간관계를 생산, 재생산, 파생, 복제합니다. 엄마와의 관계에서 어떤 상처가 있다면 그것이 살면서 경험하는 모든 관계 속 상처의 원형이 되고 상처에 대한 태도를 결정하는 기준이 됩니다. 그저 '중요하다'는 한마디로 미처 다 설명할 수 없는 중요성이 이 관계에 담겨 있지요. 그리고 이 중요성은 때로는 딸을 힘나게 하지만, 때로는 그녀가 가진 모든 정신적 에너지를 소진시킬 만큼 난폭한 진실로 다가오기도 합니다.

엄마는 딸 인생의 한 과정일 뿐 목적지가 아니다

엄마는 딸의 생물학적, 심리적 시계를 돌려준 생의 최초 환경이자 심리적 출발선입니다. 이런 배경 속에서 딸에게 엄마는 애초부터 한 개인 혹은 한 여성으로 인식되기보다는 그저 '엄마'라는 대명사로 마음에 와 박힙니다. 독립적인 하나의 인격이 아닌 '엄마'라는 특수한 대상으로 각인되는 것이지요. 엄마를 자기만의 결함과 욕구, 한계와 개성을 가진 한 사람으로 보기에는 엄마를 향한 딸의 욕구와 환상이 너무 강렬합니다. 신체적으로든, 심리적으로든 살아남기 위해 딸에게는 엄마의 사랑과 보살핌이 절실하기 때문이지요.

딸이 아이로서 엄마를 향해 품었던 강렬한 욕구와 기대 때문에 딸은 엄마를 현실이 아닌 환상으로 바라보게 됩니다. 그리고 이런 환상 때문에 딸들은 엄마와의 관계 속에서 상처를 받더라도 엄마로부터 심리적인 독립을 감행하기 어렵습니다. 상처를 준 엄마를 원망하면서도 환상을 가지고 있기에 끊임없이 상처받기를 반복하는 것이지요.

엄마로부터 받은 상처가 깊을수록 딸은 독립하는 과정에서 더 큰 진통을 경험하지만 그 상처를 떠나보내는 과정을 거쳐야만 비로소 자기 삶을 살게 됩니다. 엄마는 모든 것의 출발선이었고 기댈 수 있는 마지막 보루일 수는 있어도 딸이 도달해야 할 목적지는 아니니까요. 엄마에 대한 환상을 내려놓고 현실의 엄마를 받아들임으로써 완전한 의존에서 부분적 의존으로, 부분적 독립에서 더 큰 독립으로 나아가는 성숙과 성장의 여정을 걷게 되지요.

적절한 거리 찾기가 필요하다

많은 딸이 성인이 되어서야(그리고 자신도 엄마가 되어서야) 엄마를 대명사로서의 '엄마'에서 분리해 한 명의 인격체로 간신히 볼 수 있게 되었다고 말합니다. 하지만 깨달음을 얻은 시점에서조차 엄마를 온전히 자신과 떨어뜨려 보는 것은 쉽지 않은 일입니다. 엄마와 딸의 관계에서 적절한 거리를 찾기 위한 미세 조정은 평생에 걸쳐 계속되어야 합니다.

성인이 된 딸에게도 엄마는 여전히 중요하지만 그 '중요함'이 자신을 너무 자주 한숨 짓게 하거나 압도하거나 분노에 휩싸이게 하거나 깊은 슬픔에 잠기게 한다면 새로운 거리 찾기의 과정이 필요합니다. 차분한 감정의 온도로 서로를 그리워하며 부를 수 있고, 서로에게 기대했으나 받지 못했던, 주고 싶었지만 줄 수 없었던 그 마음을 뒤늦게라도 밖으로 꺼내 표현할 수 있는, 딱 그 정도의 거리 말이지요.

Chapter 01

멀어지는 법을 알면 가까워지는 법도 배울 수 있습니다

내 마음의 소리

"독립하고 싶지만 엄마 없는 삶은 상상만으로도 두려워요."

딸은 엄마의 보호막 속에서 성장하고 힘을 길러갑니다. 그리고 어느 순간 엄마의 보호막에서 벗어나 더 크게 성장해야 하는 시기를 맞이합니다. 하지만 어떤 딸은 '엄마는 나 없으면 안 돼'라는 죄책감과 걱정에 혹은 '나는 엄마 없으면 안 돼'라는 막막함과 두려움 때문에 다 성장하고 난 뒤에도 엄마 곁을 맴돌거나 엄마로부터 벗어나서도 자꾸만 뒤를 돌아봅니다. 엄마 역시 마찬가지입니다. 다 큰 딸을 독립시키지 못하고 딸의 삶에 깊이 관여합니다. 이런 관계는 겉으로는 친밀해 보일지 몰라도 그 속에는 쉽게 표현하기 힘든 애증과 복잡한 감정들이 얽혀 있는 경우가 많습니다.

이번 장에서는 의존성과 공생 관계에 대해 이야기합니다. 엄마와 딸의 관계에서 '의존성'은 홀로서기를 하지 못하고 너무 많이 서로를 필요로 하는 기울어진 감각을 의미합니다. 그리고 '공생 관계'는 그 의존성을 매개로 서로가 서로에게 강력하게 연결되어 떼려야 뗄 수 없는 관계 방식을 보여줍니다.

관계 유지를 위해 적당한 의존성은 필요하지만 '적당히'의 지점을 세우는 일은 쉽지 않습니다. 명확한 기준을 세우기가 쉽지 않기 때문입니다. 강력하게 의존하는 대상에게 느끼는 불편함, 내 뜻을 내 마음대로 펼칠 수 없어 숨막히는 느낌, 서로의 독립과 성장을 가로막고 있다는 감각 때문에 힘이 든다면, 우리는 그 사람과의 관계 속 의존성과 관계 방식을 돌아보고 새로운 거리 찾기를 연습할 필요가 있습니다. 이때 우리의 목표는 독립을 통한 단절이 아닌 '독립을 통한 성장', 거리 두기를 통한 '진정한 친밀감 찾기'입니다.

'난 내가 필요해'와
'난 네가 필요해' 사이의 혼란

서른여섯 살 지유 씨는 최근에 인생의 처음이자 마지막이라고 생각했던 연애에 종지부를 찍었다. 상담실을 찾은 지유 씨는 무척 지쳐 있었다. 남자친구와 만나는 과정도 힘들었지만 헤어지고 나자 깊은 우울감과 상실감 때문에 무척 힘들었다. 일상의 사소한 일들조차 해내기가 힘들었다.

어떻게 헤어질 결심을 하게 되었냐고 묻자 엄마의 반대가 결정적이었다고 했다. 남자친구가 경제적 능력은 조금 부족해도 진심으로 자기를 위해 주는 사람이라고 생각했는데, 엄마는 처음부터 그를 못마땅해했고 사사건건 비판적이었다. 남자친구의 좋은 면에 대해 아무리 이야기를 해도 엄마는 언제나 냉소적이었다. "능력도 없는데 마음이라도 착해야 하는 거 아냐?"와 같은 말들이 상처가 되었고, 결국에는 자신도 모르는 사이에 마음에 자리를 잡아 남자친구를 계속 만날 자신이 없어졌다.

예전에 그녀는 고정 수입은 없었지만 그래도 전문적인 기술을 필요로 하는 일을 프리랜서로 하고 있었기 때문에 경제적으로 힘들었던 적은 없었다. 하지만 그마저도 엄마의 건강이 안 좋아지면서 그만두었다. 그러다 엄마가 운영하던 가게까지 책임지게 되었다. 결국 남자친구와 헤어진 것도, 하고 있던 일을 그만둔 것도, 온전히 그녀만의 결정이 아니었던 셈이다.

삶에서 중요한 결정들이 모두 엄마의 생각과 사정에 따라 이루어진 것이 눈에 띄었다. 그럼에도 그녀는 그저 다 큰 성인이 된 자신이 엄마에게 여전히 의존해서 살고 있다는 사실을 부끄러워했을 뿐 자신의 삶이 얼마나 엄마 쪽으로 기울어져 있는지는 인식하지 못하고 있었다. 그런데 그녀의 이야기를 듣다 보니 사실 진짜 독립하지 못한 사람은 그녀가 아닌 그녀의 엄마가 아닌가 하는 생각이 들었다.

그녀가 여덟 살 때 엄마는 이혼을 하고 홀로 외동딸인 그녀를 키웠다. 겉으로 보기에는 희생적이고 억척스러운 엄마였지만 그 이면에는 전혀 다른 모습이 있었다. 딸에게 자신이 감당하지 못하는 삶의 스트레스를 퍼붓기도 했고, 자신의 힘든 감정을 가감 없이 전가하기도 했다. 그녀는 혼란스러웠지만 엄마가 고생해서 키워주고 희생했다는 생각에 엄마의 의견과 뜻을 거스르지 못하고 자랐다. 태어나서 지금까지 언제나 한 집에서 살아왔고 엄마와 떨어져 지낸 시간이 거의 없었다. 그런데 이제는 그런 엄마가 아프기까지 하니 더더욱 벗어날 수가 없었다.

그녀에게 물었다.

"진짜로 남자친구가 마음에 안 드셨을까요? 아니면 지유 씨가 떠나는 게 두려우셨을까요?"

"술 드시고 이런 얘기를 하신 적이 있어요. 그때 제가 남자친구와 결혼을 하고 싶다는 얘기를 했는데, 엄마는 '너만 행복하면 다냐?'라며 화를 내시더군요. '나쁜 년, 이기적인 년!' 하며 화를 내시는데 아직도 그때 엄마의 표정과 말이 잊히지가 않아요."

평소에도 엄마가 그녀에게 보내는 반복적인 메시지는 해로울 뿐 아니라 교묘하게 폭력적이기까지 했다. 엄마는 그녀가 조금이라도 실수하면 기다렸다는 듯이 이런 말을 하곤 했다.

"넌 자기관리가 안 되고 경제적으로도 불안정하잖아. 그러니까 내가 끝까지 데리고 있어야지 어쩌겠니."

엄마는 반복적으로 '너에겐 내가 필요해'라는 메시지를 주입했다. 어쩌면 엄마야말로 그녀를 필요로 하는 사람인 것 같았지만, 엄마는 그 사실을 은폐하고 싶어서였는지 아니면 너무 익숙해져서인지 어릴 때부터 지금까지 꾸준히 같은 메시지를 그녀에게 띄웠다. 차라리 "나에겐 네가 필요해"라고 솔직하게 말했다면 딸이 느낄 죄책감과 혼란스러움을 덜어낼 수 있었을 것이다. 하지만 엄마는 자신의 마음을 잘 몰랐고, 그래서 솔직할 수도 없었다. 그리고 엄마의 말들은 결국 그대로 딸의 머리와 가슴속에 굳게 자리를 잡았다.

'난 엄마 없으면 안 돼.'

이런 생각에 파묻혀 그녀는 자기 안에서 일어나는 독립을 향한 열망을 싹이 나기도 전에 미리 잘라내야 했다. 만약 다른 관계였다면 나에 대해 평가 절하하는 사람의 말을 무시하거나 그 관계를 멀리하는 것이 상식적이고 합리적인 대처 방식이다. 하지만 엄마와 딸처럼 친밀하고 밀착된 관계에서는 그런 상식이 통하지 않을 때가 많다. 때로 딸들은 엄마에게 부정적인 이야기를 들으면 들을수록 더 벗어나지 못하고 더 얽매이는 악순환에 빠져들기도 한다. 서로에게 깊이 의존할 수밖에 없는 관계가 심어 놓은 심리적 올가미인 셈이다.

엄마는 마치 지유 씨가 일방적으로 의존하는 존재인 것처럼 말했다. 하지만 사실 의존은 언제나 상호적이고 쌍방향으로 일어난다. 누군가가 나에게 의존할 때 결국 나 또한 그에게 의존하게 된다.

딸이 엄마를 향한 자신의 의존성을 인식하고 인정하기는 쉽다. 하지만 엄마가 딸을 향한 자신의 의존성을 인식하거나 인정하기는 쉽지 않다. 많은 경우 어른의 의존성은 감춰진다. 하지만 딸이 엄마를 통해 '엄마의 딸'이 되는 최초의 존재 기반을 얻는 것처럼, 엄마 역시 자신을 '엄마'라고 불러주는 딸이 있어야 비로소 엄마가 될 수 있다. 딸이 엄마에 대한 의존성을 기반으로 생존하고 성장하는 만큼, 엄마 역시 그런 딸에게 의존함으로써 자신의 존재

가치를 찾는 것이다.

실제로 어떤 엄마들은 스스로 서지 못해 의존할 누군가를 강렬하게 원하는데, 그러면서도 자기 안의 의존성을 직시하지 못하는 경우도 있다. 그래서 이들은 억지로라도 의존적인 관계를 만들기 위해 지나치게 애쓰기도 한다.

홀로서기가 두렵고 외로운 누군가는 타인에게 지나치게 의존하거나 타인을 자신에게 의존하도록 만드는 방식으로 관계 맺기를 한다. 이런 의존성의 모습이 가장 극적으로, 또 가장 선한 얼굴로 나타나는 관계가 바로 엄마와 딸의 관계다. 가장 선한 얼굴을 하고, 가장 좋은 의도를 품고, 서로의 성장과 독립을 막는 방해 공작을 펼치는 관계가 엄마와 딸의 관계가 될 수 있는 것이다.

이 모든 것이 의도적인 것은 아니다. 오히려 세상의 모든 엄마와 딸은 그 누구보다 서로의 성장과 독립을 열망한다. 다만 서로의 성장과 독립을 가로막고 있는 진짜 방해꾼이 자기 자신일 수도 있다는 가능성을 짐작조차 못 한다는 것이다. 그저 서로가 서로에게 '넌 나 없으면 안 돼'라는 상투적인 메시지를 던지며 더 깊은 의존의 덫을 놓을 뿐이다. 그러니 엄마가 딸을 보며 "넌 나 없으면 안 돼"라고 말할 때, 또 성장한 딸이 엄마를 보며 "엄마는 나 없으면 안 돼"를 말할 때 우리는 그 밑에 흐르는 의존성의 덫을 감지할 필요가 있다.

타인의 감정까지 책임질 필요는 없다

지유 씨가 우울해진 이유는 단순히 마음에 담아두었던 사람을 상실했기 때문만은 아니었다. 그녀는 우울을 해결하고 싶다고 했다. 그런데 우울은 도려내야 할 감정이 아니라 사실 세밀히 살펴야 할 마음의 신호였다. 그녀는 남자친구를 떠나보내면서 사실은 진짜 자신의 삶을 살아볼 기회를 상실했기에 우울했다. 그녀의 우울은 새로운 가능성을 놓치고 단지 익숙하고 안정적이라는 이유로 낡고 좁은 원래 삶의 틀로 다시 돌아간 자기 자신을 향한 분노였다. 우울은 독립을 촉구하는 내면의 반란이었던 것이다.

독립의 기회를 상실해버린 것에 대한 애도이자 그렇게 자기 삶의 주인으로 살지 못하는 자신에 대한 분노가 밖으로 표출되지 못한 채 우울이 되었다. 그녀의 진짜 문제는 우울 그 자체가 아니었다. 우울은 신호였다. 그전까지 우울감을 느낄 기회를 스스로에게 주지 않았던 그녀의 삶의 방식, 관계 방식이 문제임을 알려주는 신호 말이다. 그런 면에서 우울은 오히려 당연하고 건강한 것이었다. 그녀는 너무도 늦게 자신의 우울과 마주했다.

이런 우울의 신호를 받아들이면서 그녀는 비로소 자기 안에 오랫동안 품고 있던 의혹을 들여다보았다. 그러면서 그녀의 엄마가 자기 삶의 빛이 아닌 빚일 수 있으며, 자신이 엄마의 덕을 본 것만이 아니라 엄마의 덫에 걸린 것일 수도 있다는 다른 해석의 가능성에 눈을 돌리기 시작했다. 그녀 안에 두려움을 불어넣으며 그것이 '너의 두려움'이라고 이야기하는 '엄마의 두려움'을 비로소 인식하게 된 것이다.

엄마를 향한 그녀의 감정은 언제나 복잡했다. 엄마로부터 진정한 독립을 하기 위해서는 일단 그녀 안에 복잡하게 뒤엉킨 감정들을 풀어내는 작업이 필요했다. 그 감정들이 복잡하게 뒤엉키기 시작한 시점은 엄마와 아빠의 이혼을 경험한 어린 시절이었다. 그녀 안에 자리 잡은 강렬한 감정들이 그 시절 엄마와 아빠의 관계와 얽히고설키며 뒤엉키기 시작했다.

"아빠의 외도 사실을 알게 되었을 때 엄마는 아무것도 하지 못하고 한없이 나약한 모습을 보였어요. 아빠에게 전화 통화를 하면서 부들부들 떨며 까무러쳤는데 정말 무서웠죠. 그때 왜 그랬는지 모르지만 전화기를 뺏어서 엄마 대신 아빠한테 욕을 했어요. 겨우 여덟 살이었는데 말이에요. 그 후로 엄마가 외로워하는 모습을 볼 때마다 어쩌면 나 때문에 엄마가 이혼을 하고 혼자가 된 건 아닐까 싶어 힘들었어요. 그래서 엄마에게 잘해야겠다, 엄마를 외롭지 않게 해야겠다는 생각을 더 많이 했던 것 같아요."

어른들이 감당해야 할 감정(혹은 더 정확히 말하자면 어른들조차도 제대로 감당해내지 못한 감정)이 그녀의 마음에 짐을 지웠다. 그녀는 엄마와 아빠의 관계 속에서 너무 큰 책임감을 짊어지게 된 듯했다. 때로 우리는 타인의 감정에 과한 책임감을 가지게 된다. 하지만 애초에 그것은 타인의 감정이기에 해결한다는 것은 불가능하다. 오히려 해결하려는 시도 속에서 더 깊은 감정의 굴레에 얽매이기도 한다. 게다가 가족처럼 친밀한 관계 속에서는 이런 감정의 떠안기와 떠넘기기가 더 쉽게 일어나는데, 엄마와 딸 관계에서 이런 일이 일어날 때 그 파급력은 치명적이다. 엄마와 딸은 서로가 서로를 지나치게 동일시하는 바람에 더 혼란스런 감정 떠안기와 떠넘기기를 주고받는다. 그녀의 우울 밑에 잠긴 두려움과 죄책감, 책임감을 살피고 본래 내 것이 아닌 감정은 내 것이 아닌 것으로 인정하고 되돌리는 과정이 필요했다.

두려움은 그녀가 새로운 시도를 하려고 할 때마다 그녀를 얼어붙게 하는 감정이었다. 또 죄책감은 그녀가 엄마로부터 떨어져 나오고 싶을 때마다 그녀 안에서 생성되는 강력한 감정이었고 엄마에게서 벗어나고 싶었던 그녀를 다시 엄마 옆으로 되돌려 놓는 역할을 했다. 엄마는 그녀가 새로운 시도를 하려고 할 때마다 두려움과 죄책감을 유발하는 말과 행동을 했다. 결과적으로 그녀의 시노는 언제나 좌절될 수밖에 없었다.

그녀는 언제나 반란을 꿈꾸면서도 또다시 익숙한 과거의 자리로 돌아가는 의존의 반복구간을 돌며 그 과정에서 더 깊은 무기력과 두려움에 사로잡혔다. 엄마를 벗어나 맺은 다른 중요한 관계들 역시 그녀가 엄마와 맺었던 관계에서 해온 역할과 감정들로부터 크게 벗어나지 않았다. 그녀는 다른 사람들의 감정과 욕구에 대해서도 과도한 책임감을 가졌다. 예를 들어 누군가가 화를 내면 자신이 그 화의 불길을 진화해야만 한다고 생각했다. 자신이 그 감정에 책임을 져야 한다고 거의 자동적으로 생각했던 것이다. 그러다 보니 어떻게 해도 그 불길을 잡을 수 없는 경우에는 알 수 없는 무력감과 억울함도 느꼈다.

그녀가 타인과 맺은 많은 관계들이 엄마와의 관계를 재현하는 것에 가까웠으니 언제나 모든 관계가 버겁고 부담스러웠다. 하지만 우리가 책임져야 하는 감정은 오로지 자기 자신의 감정뿐이다. 엄마는 물론 타인의 감정을 그녀가 책임질 필요는 없다.

미성숙한 어른의 책임 전가가 만들어놓은 어른 아이

지유 씨가 타인의 감정에 대해 느끼는 과도한 책임감은 아이들이 가진 특성과 관련이 깊다. 아이들은 환상과 오해에 취약하다. 우리가 아이 시절에 상처를 많이 받는 이유도 그 때문이다. 그래서 아이들에게는 현실의 틀에 무사히 안착할 수 있도록 공감하고 도와줄 수 있는 현명한 어른이 필요하다. 하지만 자신의 상처와 감정에만 매몰된 어른은 이런 아이들의 욕구에 민감하게 반응하지 못할 뿐 아니라 오히려 아이들의 의존성과 감수성과 적응력을 알게 모르게 이용하기도 한다. 그렇게 돌보고 보호하고 사랑을 줘야 하는 자신의 책임을 아이에게 전가하는 것이다. 다시 말해 자신이 아이를 사랑해줘야 함에도 아이가 자신을 사랑해줘야 한다고 강요하는 것이다.

이런 배경 속에서 아이들은 스스로의 욕구와 상처에 대한 민감성이 아닌 타인의 욕구와 상처에 대한 과민성을 발달시킨다. 진짜 자기가 아닌 가짜 자기로 살게 되는 삶이 시작된다. 아이로서 자기중심성을 마음껏 누려야 할 시기에 너무 빨리 마음의 물길이 타인 쪽으로 흘러가버리는 타인중심성을 배우게 되는 것이다. 아이가 아닌 어른의 삶을 사는 것이다.

이런 어른아이들은 자신보다는 타인을 우선시하며 자신을 돌보기보다는 타인을 돌보는 삶을 산다. 자기 안에서 일어나는 아주 사소하고 당연한 욕구에 대해서도 죄책감을 갖는다. 또 자신이 무엇을 원하는지 실감하지 못할 뿐만 아니라 자기 감각을 믿지 못한 채 다른 사람의 인정을 받기 위해 과도하게 기울어진 행동과 관계의 틀 안에 갇히게 된다. 칭찬과 처벌, 사회화와 내면화를 통해 강화된 어른스러움을 짊어지게 된 까닭에 그 후 아이의 삶은 무거워진다. 타인의 고통을 자신의 것인 듯 짊어져야 하고, 내 것과 타인의 것을 가르지 못하는 경계 없는 삶을 살기 때문이다.

특히 부모님의 불화와 이혼이라는 상황 앞에서 많은 아이들은 단순히 가족이 해체된다는 상처뿐 아니라 자신이 그 이혼을 막지 못했다는 죄책감을 갖게 되는 경우가 많다. 지유 씨는 엄마의 하소연과 비난을 홀로 감당하며 자신이 부모님의 이혼을 막지 못했을 뿐 아니라 이혼을 하게 된 것이 자신이 아빠에게 화를 내서 그런 것이 아닐까 하는 의혹을 갖고 있었다. 이런 혼란과 환상 속에서 그녀는 부모님의 상황과 감정에 대해 과도한 책임감을 갖고 제대로 책임지지 못한 자기 자신에게 근본적인 결함이 있다는 결론에 도달하게 된 것이다. 그리고 그런 마음을 끌어안은 채 그대로 성인이 되었다.

많은 어른들이 자기 안의 불완전함 때문에 아이들에게 상처를 대물림한다. 그리고 오해와 환상에 취약한 성장기에 아이의 마음 속에 쉽게 일어나는 오해를 풀어주고 아이들을 결함 많은 현실로 안내해주는 완충지대이자 안전지대가 되어주는 건강한 어른의 보호 없이 자란 아이는 제대로 성장하지 못한다. 성장하지 못한 딸들은 역시 성장하지 못한 엄마 곁을 맴돌게 된다.

딸에게 의존적이면서 자주 불안해하는 엄마 밑에서 자란 딸들은 아주 어린 시절부터 엄마로부터 빗겨가는 조심스런 한 발자국조차 원천 봉쇄되는 경우가 많다. 불안증에 시달리고 의존적인 엄마일수록 딸에게 허용되는 물리적 심리적 테두리는 좁다. 그런 엄마를 의식하며 딸들은 질식할 듯 힘들어하지만 그것도 잠시일 뿐 금세 익숙해진다. 이상한 일도 오래되고 익숙해지면 일상이 되듯 우리는 생각보다 더 쉽게 익숙한 관성에 안착하는 경향이 있다. 문제의식을 느끼고 의문을 품기도 전에 딸들은 스스로 엄마의 그늘 아래에서 엄마에게 소속된 삶을 편하게 느낀다. 불편한데도 단지 익숙하다는 이유로 받아들이는 것이다.

하지만 언제까지나 누군가의 그늘 아래에서만 살 수 없다. 게다가 애초에 그 그늘이 불안과 두려움을 기반해서 드리워진 것이기에 그곳이 언제까지나 편할 리도 없다. 그래서 엄마의 착한 딸들은 뒤늦게 오춘기, 육춘기의 반항과 진통을 더 크고 극단적인 방식으로 경험한다. 사춘기에 이미 겪어야 했을 갈등이 더 파괴적인 방식으로, 성장보다는 자폭에 가까운 모습으로, 표현이 아닌 분출의 모습으로 나타나는 것이다.

지유 씨가 내면에서 경험하는 갈등은 바로 이런 오랜 심리적 결핍과 욕구를 안팎에서 누르고 또 누른 끝에 나타난 것이었다. 지금 그녀의 내면에서 일어나는 반란은 그녀를 괴롭히지만, 여기에는 끈질긴 성장 욕구가 반영되어 있다. 그녀는 독립을 하기 위해 그전까지 자신을 보호해주는 동시에 위축시켰던 엄마라는 껍질의 테두리를 깨기를 열망한다. 그리고 그 열망을 다른 누구도 아닌 엄마가 존중해주고 응원해주기를 바란다.

"엄마에게는 딸이 있어야 해"
라는 말에 담긴 잔인함

최근 들어 지유 씨와 비슷한 내면의 갈등 때문에 엄마로부터 여러 면에서 독립할 기회를 얻지 못한 삼십대 중반에서 사십대 초반의 딸들을 상담실에서 유독 많이 만나게 된다. 그리고 이 갈등은 오춘기를 맞은 골드 미스들과 갱년기를 맞은 엄마들의 갈등인 경우가 많다.

지금 갱년기를 경험하는 엄마 세대는 여성의 지위가 여전히 낮고 여성의 교육 수준이 낮았던 시대에 살았다. 그들은 여성의 지위를 둘러싼 급격한 시대 변화를 목격했기에 딸들을 낳아 기르며 알게 모르게 포부를 가졌다. 그들은 공통적으로 내 딸에게만은 시대가 지운 억압과 결핍으로 점철된 삶을 물려주지 않기를 열망했다. 딸들을 아들 못지않게 교육시켰고, 엄마의 기대에 부응하며 성취해내는 딸의 모습을 기뻐하고 뒤에서 박수치며 대리만족을 느끼기도 했다. 딸들을 기르며 자신이 여자라서 당한 설움과 결핍을 모두 보상받기를 바라기도 했다. 그런데 이러한 기대는 언제나 현실의 한계라는 벽 앞에서 그들에게 확신을 주지 못했다.

엄마들은 딸들을 보며 이중적인 감정을 품었다. 그들에게 딸들은 자신을 벗어난 미래의 존재이기도 했지만, 자신과 관련된 과거의 연장선상에 놓인 존재이기도 했다. 엄마들은 딸들이 자신으로부터 벗어나 스스로 세상 앞에서 당당하기를 바라면서도, 한편으로는 자신이 체험해온 과거의 인습을 상상하며 세상으로부터 거절당할까 봐 두려워한다. 전통적이고 인습적인 여성상과 현대적이고 진취적인 여성상 사이에서 엄마들은 갈팡질팡한다. 그러다가 인습적이고 관성적인 면을 자극하는 자기 안의 두려움과 의존성 때문에 결정적인 순간에는 딸들을 세상으로 내보내지 못하고 옆에 붙들어두고자 한다. 딸이 자신을 떠나려는 시도를 할 때 박수쳐주지 못하고 오히려 교묘하게 방해하는 것도 이 때문이다.

게다가 갱년기에 다다른 엄마들은 자신이 지금까지 이루어온 삶에 대한 회의감을 느낀다. '빈 둥지 증후군'으로 대변되는 이런 마음의 공허에 엄마들은 더 취약하다. 언제나 자식, 남편과 같이 누군가의 뒤에서 말 그대로 뒷바라지를 했던 엄마들은 자기실현의 차원에서 자신의 발자국이 없다는 것을 아쉬워한다. 늙어가는 엄마, 쇠락해가는 엄마는 전보다 더 의존할 대상을 필요로 하기에 자신의 삶에서 많은 부분을 차지한 '누구의 엄마'라는 역할을 쉽게 내려놓지 못한다. 딸이 '누구의 딸'이라는 역할에서 벗어나 '자기 자신'으로 서려고 하는 많은 노력들은 오히려 엄마들을 불안하게 할 뿐이다. 이런 삶에 대한 스트레스와 회의감, 불안감을 스스로 해결하지 못할 때 엄마들은 이 마음을 딸들에게 전이하며 딸들이 자신의 공허한 마음의 구멍을 채워주길 바란다.

이런 배경 속에서 "엄마에겐 딸이 있어야 해"라는 말은 나이든 엄마를 외롭게 하지 않을 딸의 심리적 기능과 역할에 대한 집단적 만트라mantra(진언)가 되었다. 딸은 이런 엄마의 공허를 가장 잘 알고 가장 잘 채워주는 대상이 된다. 엄마들은 빈 둥지를 딸들이 채우기를 기대하고, 딸 역시 지금까지 엄마에게 받은 것(그러므로 갚아야 하는 것)을 곱씹으며 엄마의 빈 둥지를 자신이 채우려 애쓴다. 또 그런 자신의 기능과 역할에 익숙한 딸들은 익숙한 기능과 역할을 반복한다. 이들은 결혼을 해서 시부모를 만나도, 다른 어른들을 만나도 타인이 자신에게 요구하는 심리적인 기능과 역할 기대를 요구받기도 전에 미리 채우려고 알아서 서두른다. 의존하고 의존의 대상이 되는 역할로 자신의 존재 기반을 찾는 데 너무나도 익숙해진 것이다. 하지만 이런 삶 속에서는 '나'를 채울 수 없는 것은 물론 '너'도 완전히 채울 수 없다. '나'에게 아무리 좋은 '너'가 있다고 해도 결국 '나'는 '너'가 아니고 '너'도 '나'가 아니다. 다시 말해 엄마는 엄마고, 딸은 딸이다.

하지만 그들 자신도 '나'가 아닌 '너'에 집중하고 오로지 '너'를 향하는 의존적인 삶을 살아왔기에 한번도 자기 삶을 살아본 적이 없는 엄마들은 '나'를 다른 누구도 아닌 내가 채워나가는 연습을 해보지 못했다. 그래서 생긴 공허를 또다시 '너'를 통해 채우기를 열망하는 악순환을 반복하며 딸들을 자신의 악순환에 끼워 넣는다. 이런 자기 결핍은 마주하고 인정할 내적 힘이 없기 때문에 도리어 이 모든 것을 딸의 결핍이라고 판단하고 강조한다. 그러면서 자기 삶을 살겠다고 하는 딸의 시도를 방해하거나 온전히 응원해 주지 못한다.

"넌 아직 뭘 모른다. 세상은 이래서 무서운 거다. 엄마 아닌 다른 사람을 함부로 믿지 마라."

거리감을 가질 수 없다면 친밀감도 만들 수 없다

지유 씨는 삼십대 후반에 찾아온 삶의 오춘기를 더 혹독하게 지나야 했고 조금씩 힘을 내어 엄마로부터 독립을 시도했다. 일단 심리적으로 독립하기 위해 먼저 엄마로부터 경제적, 물리적 독립을 하기로 했다. 그리고 뒤늦게라도 솔직한 자신의 마음을 남자친구에게 표현하며 다시 붙잡아보려고 하기도 했다. 물론 쉽지는 않았다. 그녀는 자신과 엄마 사이에 놓인 이 모든 의존과 죄책감의 구도를 이해하고 독립의 필요성과 자기 마음을 표현하는 것의 중요성에 공감하기는 했지만, 실천하는 것은 다른 문제였다. 그전까지 단 한 번도 엄마에게서 벗어나 스스로 무언가를 선택하고 그 선택에 책임을 지고 그 선택을 통해 자기를 발견하고 성취해본 경험이 없었기 때문이다.

그녀는 가까스로 '내 생각은 다르다'고 엄마에게 말할 수 있었다. 하지만 여전히 엄마의 뜻을 거스르는 것은 두려웠다. 그만큼 엄마의 인정과 사랑이 중요했기 때문이다. 하지만 일단 독립을 하겠다는 이야기를 하면서 그녀는 자기 안의 두려움을 조금씩 넘어서기 시작했다. 그전까지는 짜증스러움이나 원망, 상처로만 바라보았던 엄마의 이중성과 불완전함이 인간적인 연민으로 교체되는 마음의 변화도 겪었다. 이런 갈등과 설득, 확인과 확신의 과정을 통해 결국 그녀는 '독립하겠다'는 분명한 선언과 '그래, 그럼 잘 살아봐'라는 엄마의 승인도 얻게 되었다.

엄마로부터의 독립조차 엄마의 인정을 받아야만 하는 아이러니를 보게 되었지만, 그것은 그녀가 엄마의 딸이었고 앞으로도 엄마의 딸이고 싶은 마음이 있는 한 받아들여야만 했다. 그렇게 그녀는 엄마가 설정한 심리적 테두리에서 조금씩 빗겨난 선택을 연습해보기 시작했고, 자신의 내적 감각과 감정, 판단에 맞춰 새로운 선택을 하기도 했다. 그러면서 점점 엄마로부터 물리적, 심리적 거리감을 찾아갔다. 그리고 그 거리감을 편안하게 느끼게 되는 만큼 자기 선택에 대해서도 편안함을 느끼기 시작했고, 그전까지 관계 속에서 과도하게 느꼈던 타인의 감정과 욕구에 대한 책임감으로부터도 조금씩 가벼워지기 시작했다. 물론 그 과정에서 그녀의 마음을 뒤덮고 있던 우울감의 먹구름 역시 서서히 걷혀갔다.

우리 삶에서 의존이 필요한 시기는 분명 있다. 그리고 진정한 의미의 독립은 언제나 진정한 의미의 의존을 경험한 후에야 더 쉽게 성취된다. 의존해야 할 시기에 마음껏 의존할 수 없을 때 독립은 더 어려운 과제가 된다. 어떤 딸들은 어릴 적 엄마에게 제대로 돌봄을 받지 못했다는 이유로 성인이 된 후에도 여전히 엄마 주위를 맴돈다. 또 어떤 엄마들은 어렸을 때 잘해주지 못했다는 죄책감 때문에 자녀를 독립시키는 것을 어려워한다. 하지만 그 감정은 이제 따로 떨어져 서로가 각자 감당해야 할 몫이다.

큰 나무 아래에서는 작은 나무가 클 수 없듯 가장 소중하고 애틋하게 여기는 대상일수록 힘껏 껴안았다가 확 놓아주는 과정이 반드시 필요하다. 진정 건강한 애착은 '함께, 또 따로'를 자연스럽게 허용하고 반복할 수 있는 것을 의미하고, 설령 독립을 한다고 해도 우리는 여전히 의존과 독립 사이에서 적당한 지점을 찾는 일을 반복할 것이기 때문이다.

어떤 대상으로부터 거리감을 가질 수 없다는 것은 친밀감도 가질 수 없다는 것을 의미한다. 어느 정도 거리가 허용되고 그 거리감이 수시로 조정이 가능할 때 우리는 친밀감도 공유할 수가 있다. 그러니 엄마와 너무 가까워 내가 작아지고 관계가 멀어지게 된다면 일단 엄마로부터 멀어져야 한다. 일단은 거리를 두고 각자의 힘을 키운 후에야 엄마와 더 친해지기를 기대할 수 있다. 더 가까워지기 위해서는 거리 두기가 필요하다.

더 들여다보기

독립을 위한 우선 조건

첫째, 경제적 비용보다 심리적 비용이 더 중요하다

경제적으로 의존하거나 얽혀 있다면 일단 경제적 독립부터 하는 것이 중요하다. 만약 경제적 비용 때문에 독립을 망설인다면 결국 심리적 비용을 훨씬 더 많이 지불하게 될 것이다.

둘째, 엄마를 위해서라도 독립은 필요하다

엄마도, 딸도 사실은 서로를 걱정하는 것이 아니라 서로의 의존성에 자동적으로 반응하는 것일지도 모른다. 누군가를 돌봐주고 싶다면 지금 당장이 아니라 앞으로의 감정을 계산해야 한다. 일관되게 지속가능한 돌봄이 가능한지를 살펴야 한다.

셋째, 좋은 이별이 되어야 한다

독립은 '갑자스레, 갈등 끝에' 하기보다는 '점진적으로, 적어도 표면적으로는 좋게' 하는 것이 좋다. 이별의 모습은 가능한 한 긍정적이고 좋은 모습이어야 한다. 만일 갈등 끝에 갑자기 서로에게서 멀어지게 되면 죄책감과 분노의 감정 때문에 정서적 독립이 어렵기 때문이다.

넷째, 일단 물리적 독립이라도 해야 한다

새롭게 자극을 하지 않는 한 같은 환경과 같은 방식으로 같은 대상에게 접근하면서 새로운 변화를 기대하기란 어렵다. 게다가 엄마와 딸의 관계는 평생 지속될 것이기에 잠재적인 '해소'는 있어도 갈등의 완전한 '해결점'이란 없다. 그러니 패턴 깨기를 위해 일단 물리적으로라도 떨어져 지내면서 관계의 소중함을 새롭게 인식해야 다른 방식으로 관계 맺기도 가능하다.

Chapter 02

상처는 '정상'과의 비교에서 시작됩니다

내 마음의 소리

"유난하고 별난 사람으로 보일까 봐 항상 조심스러워요."

상담을 하다 보면 이런 얘기를 많이 듣습니다. '엄마는 나와 너무 달라서', '딸은 나와 너무 달라서', 결코 나를 이해할 수 없을 거라고, 결코 나를 이해시킬 수 없을 거라고.

이런 이야기를 할 때 엄마와 딸은 외로움과 불안, 서운함과 씁쓸함을 내비칩니다. 차이가 한계로, 그리고 끝내는 상처로 전환될 때 사랑은 사랑으로 온전히 실감되기 어렵습니다. 엄마가 딸의 기질을 있는 그대로 받아들여줄 때 딸이 느끼는 최초의 편안함, 그 반대일 경우 딸이 느끼는 최초의 불안함, 엄마가 자신을 대하는 최초의 방식에서 오는 경험은 평생 갑니다. 그리고 마음의 상처는 엄마와의 관계뿐만 아니라 앞으로 맺는 모든 인간관계에서 고립감과 거리감의 씨앗이 됩니다.

그럼 우리가 이 모든 차이와 한계, 상처를 넘어 진짜 사랑을 하려면 어떻게 해야 할까요? 무엇보다 내 목소리, 내 감정, 내 관점으로 상처에 대해 이야기할 수 있는 용기가 필요합니다. 그리고 상대방은 그 상처를 어떤 방어나 평가 없이 있는 그대로 들어줄 수 있는 여유와 의지가 필요합니다.

이번 장에서는 개개인의 다른 기질과 성격, 그에 대한 수용(받아들임)에 대해 이야기하려 합니다. 그럼으로써 자기 안의 특징과 마음을 어떤 방식으로 표현하고 받아들일지, 자기 자신과 잘 지내며 세상에 당당하게 나를 펼쳐 나가기 위해 필요한 '수용'의 중요성을 살펴보려 합니다. 엄마와 딸 사이에 놓인 그 모든 차이와 한계, 오해와 거절이 불러온 마음의 상처가 아무리 크더라도, 우리는 스스로에게 '괜찮다'고 말해주어야 하니까요.

너는 유별난 아이,
너무 유난스러운 아이

유진 씨는 언제나 울 것 같은 표정을 짓고 있었다. 바이올린을 전공하는 그녀는 불안하거나 초조했던 일을 이야기할 때마다 하얗고 기다란 손가락을 까딱거리는 버릇이 있었는데, 그날도 전날 엄마와 있었던 이야기를 하면서 손을 가만두지 못했다.

"엄마가 운전을 조금 험하게 하세요. 어제도 같이 차를 타고 가는데 속도를 내시길래 무섭다고 했더니 뭐가 무섭냐며 오히려 더 빨리 달리시더라고요. 그때부터 아무 말도 못 하고 울었어요. 엄마는 제가 우니까 더 화를 내면서 '넌 끝까지 유별나다'고, 이 정도를 가지고도 무섭다고 울면 힘든 세상을 어떻게 살아가겠냐'고 하시는 거예요."

그녀가 민감하고 예민한 기질을 타고난 것은 사실이었다. 기억할 수 있는 한 아주 어린 시절부터 그랬다고 했다. 하지만 기질만큼이나 엄마의 한숨 역시 그녀에게 큰 영향을 미쳤다. 주변 사람들의 인식에 따라 우리가 자신을 바라보고 받아들이는 방식도 달라진다. 특히 엄마의 관점은 아이가 자기 스스로를 있는 그대로 자연스럽게 받아들일 것인가, 아니면 자신의 모습과 투쟁하고 불화하며 살 것인가를 예고한다. 엄마로부터 받아들여지지 못한 딸은 자신의 모습을 받아들이는 데 어려움을 겪을 뿐만 아니라 많은 내적, 외적 갈등을 경험한다.

엄마는 어린 시절부터 그녀를 부담스러워했다고 했다.

"너는 유별난 애, 까다로운 애, 유난히 불안해하고 요구가 많은 애. 너만 빼고 우리 식구 다 무난하다는 이야기를 자주 하셨어요."

"그 얘기가 유진 씨에게는 어떻게 들렸나요?"

"넌 문제가 많아. 한심해. 너만 없으면 돼."

이런 이야기를 나누며 그녀의 커다란 눈에 눈물이 차올랐는데 그 눈물은 그동안 그녀가 얼마나 많은 시간 동안 자기 자신과 싸우면서 살 수밖에 없었는지, 그러면서 얼마나 외롭고 불안했는지를 여실히 보여주었다. 그녀는 타인과의 관계에서도 항상 자기 자신에 대한 의혹과 자책을 떨쳐낼 수가 없었다. '혹시 저 사람이 나를 유별나다고 하지는 않을까? 내가 너무 유난하게 굴고 요구가 많은 것은 아닐까?'

그녀는 언제나 미리 불안해하고 미리 실망하고 과도하게 자책하는 데 많은 에너지를 빼앗겼고, 다른 사람의 반응에 하나하나 신경을 쓰며 쉽게 위축되었다. 사람 속에 섞이기를 어려워했고 마음을 숨기기에 바빴다. 그렇게 숨겨오고 감춰온 마음들은 어느 순간 그녀의 몸을 아프게 했다.

마음이 아프지만 그것을 언어로 표현할 수 없어 내면에 쌓일 때 그 마음은 어떻게든 그것을 표출할 다른 통로를 찾는다. 대개는 몸의 통증으로 나타나는데, 억압된 마음이 '신체화 증상'으로 나타나는 것이다.

그녀는 자주 체했고 편하게 잠을 자본 적이 없었다. 중요한 대회를 앞두고 기절해버린 적도 있었다. 병원에 가도 증상만 있을 뿐 딱히 뚜렷한 병명을 찾을 수 없었다. 그럴수록 엄마는 그녀가 너무 유약하고 꾀병을 부리며 병으로 사람을 조종하려는 경향이 있다면서 점점 더 세게 몰아세웠다. 엄마는 그녀가 더 약해지고 더 이상 징징대지 못하도록 그녀의 마음을 받아주지 않고 오히려 강하게 키우기 위해 노력했다. 그녀를 위한 엄마 나름의 판단과 결정이었지만 그렇게 한다고 해서 쉽게 깨지기 쉬운 유리그릇 같은 그녀의 마음이 더 단단해질 수는 없었다. 오히려 그 위태로운 마음은 엄마의 한숨으로 점점 더 크게 금이 가고 부서져갔다.

어떻게 하면 유진 씨 마음의 상처를 아물게 할 수 있을까? 일단 엄마가 딸을 바라보는 관점에서 벗어나 딸의 특성을 새롭게 바라볼 필요가 있었다. 사실 엄마가 늘 '너무 예민해서 문제'라고 했던 그녀 특유의 섬세함은 그녀가 음악에 뛰어난 재능을 보이게 된 이유이기도 했다. 하지만 엄마의 한숨과 타박에 가려 그녀는 자신의 뛰어난 재능마저 받아들이지 못하고 있었다.

"언니와 동생은 공부를 잘해요. 엄마는 저도 무난하게 공부 쪽으로 가길 원했는데, 저는 어렸을 때부터 음악이 좋았고 사실 바이올린이 없었다면 더 심하게 망가졌을 거예요. 바이올린이 저를 살린 것이나 마찬가지예요. 하지만 이제는 그렇게 좋아하던 바이올린 연주마저 저에게 부담이 돼요."

엄마의 말투와 눈빛, 불안한 감정, 그녀를 향해 내뱉는 한숨들은 유진 씨의 감정 상태에 큰 영향을 미쳤다. 그래서 그녀가 스스로를 새롭게 인식하기 위해서는 그녀뿐만 아니라 엄마의 관점을 변화시키는 것도 필요할 것 같았다.

관계 속 상처를 드러내는 것은 멀어지기보다 가까워지기 위한 것

유진 씨에게 엄마를 상담실로 초대해 솔직한 마음을 표현해보는 것이 어떠냐고 하자 그녀는 처음에는 펄쩍 뛰었다. 상황이 좋아지기보다는 오히려 더 나빠질 것이라고 했다. 그러면서도 그녀의 반응은 양가적이었다. 자신의 상처를 '엄마가 꼭 알았으면 좋겠다, 아니 엄마가 알아야 한다'고 말하다가도, '엄마가 절대 알아서는 안 된다'고 이야기하며 양 극단 사이에서 갈등했다. '그래봤자 엄마의 생각은 바뀌지 않을 것'이라고 미리 단정하고 실망하면서도, 다른 한편으로는 '혹시라도 엄마가 내 마음을 알아줄까?'하고 기대하는 마음을 드러내기도 했다.

딸들은 자신의 고백으로 엄마가 흔들리고 무너질까 봐 걱정하고 그럼으로써 자신이 돌이킬 수 없이 더 깊은 상처를 입게 될 것도 걱정한다. '긁어 부스럼'이 될까 봐 '현상 유지' 쪽을 택할 수밖에 없다고 여기기도 한다. 그래서 딸들은 엄마에게 받은 상처가 아무리 깊고, 그 상처를 있는 그대로 이야기하고 싶은 충동이 아무리 강해도, 상처를 고백하기 힘들어한다. 상처가 없는 척, 지나간 척, 초월한 척, 무표정한 얼굴로 마음을 가리고 상처를 혼자 떠안고 만다.

하지만 상처는 밖으로 꺼내야 한다. 어떤 상처든 함께 꺼내어 치유해 나가는 과정을 거치며, 그 힘으로 다시 연결돼야 하기 때문이다. 엄마들은 다른 누구보다도 딸이 상처받지 않기를 바라는 사람이다. 그렇기에 상처를 준 사람이 본인이라는 이야기를 들으면 처음에는 부정하고 받아들이는 과정에서 진통을 겪기도 하지만, 결국엔 이렇게 말한다. "만약 내가 상처를 주었다면 어떤 방식으로든 그 상처를 치유해주고 싶다"고. 그리고 그 말은 진심이다.

유진 씨는 무엇보다 또 다른 상처를 입을까 봐 걱정했다. 실제로 많은 엄마들은 자동적이고 상투적인 방식으로 딸에게 상처를 입힌다. 그리고 그 상처를 이야기하는 중요하고 결정적인 순간에서조차 똑같이 반응하고 만다. '네가 상처받을 일이 아닌데 유별나게 상처받는다'고. 그렇게 되면 말할까 말까, 믿을까 말까, 희망과 두려움 속에서 한 번 더 용기를 내 엄마를 믿어보기로 결심했던 딸은 '역시나' 하는 절망 속에서 결국에는 마음의 문을 닫고 만다.

이런 두려움을 이야기하며 유진 씨는 이런 말도 했다.

"선생님이 엄마가 하는 말을 들으면, 선생님도 저를 유별난 애라고 생각해버릴까 봐 두려워요."

"때로는 진심으로 내 고통에 유난을 떨고 호들갑을 떠는 것도 필요해요. 엄마 말이 맞는 것 같다는 생각을 하면서도 몸은 계속 그게 아닌 것 같다고 호소하는 것 같지 않나요? 유진 씨에게 몸이 아픈 것으로, 불안감으로 신호를 보내는 것 아닐까요? 내가 나를 바라보는 방식을 바꾸고 싶다는 신호 말이에요."

"엄마는 절대 변하지 않을 거예요. 제가 엄마 때문에 상처받았다는 말도 절대 받아들이지 않으실 거고요."

"우리의 목표가 엄마의 마음을 변화시키는 것은 아니에요. 엄마의 관점과는 다른 유진 씨 관점도 있다는 것을 유진 씨 목소리로 표현해보는 게 중요하지요. 엄마에게 이 이야기를 하는 이유는 상처를 드러냄으로써 엄마를 탓하거나 멀어지는 것이 아닌, 더 가까워지기 위해서예요. 그리고 다시는 절대라는 말도 쓰지 말아요. 사람은 마지막의 마지막까지 변할 수 있어요. 변화의 속도나 강도가 자신이 갈망하는 그만큼에 미치지 못해 미리 실망하고 합리화해버릴 수도 있지만, 우리는 모두 서서히 그리고 확실히 변해가고 있으니까요."

'관계'가 서로를 변화시켜가는 판이라면, 엄마와 딸의 관계는 모든 성장과 변화의 출발선이다. 엄마가 딸을 키운다고 하지만 사실 많은 경우 딸이 엄마를 키워낸다. 엄마는 딸을 통해 자신의 몸을 통해 세상에 나온 누군가라도 자신과 완전히 다른 존재임을, 처음에는 머리로 그리고 서운함으로, 또 그 다음에는 마음으로 겸허히 받아들인다.

세상 어떤 엄마도 비난과 재촉을 통해 자신이 원하는 딸의 모습을 만들어낼 수는 없다. 엄마는 자신의 한숨이 딸의 가슴에 얼마나 큰 멍에로 남는지, 또 그로 인해 결국 모녀관계가 얼마나 멀어져가고 있는지를 알 필요가 있다.

그녀의 의혹과 불안은 컸고 그만큼 깊이 고민했다. 그럼에도 그녀는 결국 엄마를 초대하기로 했다. 솔직하게 상처를 이야기하며 엄마와 더 가까워지기를 원했기 때문이다. 엄마는 절대 변하지 않을 것이라고 말하기는 했지만, 사실 엄마를 포기할 수 없었던 것이다.

"처음에는 그러다 더 상처받게 될까 봐 엄마에게 말을 꺼내기가 두려웠어요. 하지만 다시 생각해보니 엄마와 단 한 번도 진심으로 대화를 나눠본 적이 없었다는 걸 깨달았어요. 지금이 아니면 앞으로도 마찬가지겠지요. 그렇게 생각하니 말해서 더 안 좋아지더라도, 시도는 한번 해봐야겠다 싶어요."

엄마에게 굳게 자리 잡은 딸에 대한 편견

드디어 유진 씨의 엄마가 상담실에 왔다. 엄마는 그녀와 상반된 기질과 성격을 가지고 있었을 뿐 아니라 외모까지 많이 달랐다. 일단은 엄마를 따로 만나 그동안 상담을 통해 알게 된 유진 씨의 기질과 성격을 설명하고, 그녀의 예민함이 누군가를 조종하려는 목적이나 꾀병이 아니라는 것과 그녀 나름대로도 그것을 극복하기 위해 필사적인 노력을 해왔다고 설명했다.

"이렇게 성향이 다른 딸을 키우느라 어머님도 많이 힘들고 어려우셨을 것 같아요."

"예상은 했지만 이 정도로 다를지는 몰랐어요. 아무 생각 없이 하는 말에도 상처를 받으니 대체 어쩌라는 건지, 도무지 종잡을 수가 없네요. 언니나 동생은 그렇지 않았는데 유진이만 이러니까……. 언제부턴가 얘만 생각하면 한숨이 나오고 대체 어떻게 해달라는 건지 알 수가 없었어요. 지금도 잘 모르겠고 잘 못할 것 같기도 하고요. '어떻게 너한테만 딱 그렇게 맞춰 달라고 하니?' 소리가 절로 나와요."

"어떻게 너에게만 맞춰 달라고 그러니?"라는 말은 엄마의 모든 행동이 함축된 표현인 것 같았다. 그리고 그것은 엄마가 유진 씨의 마음을 이해하는 데 가장 방해가 되는 관념이었다.

엄마는 딸이 자신에게 너무 많은 것을 요구한다는 생각에 갇혀 있었다. 그러나 유진 씨도 엄마가 그녀의 마음을 전적으로 맞춰주는 것은 불가능한 일이며 자신이 많은 것을 너무 예민하게 받아들이는 경향이 있다는 것을 알고 있었다. 다만 자신이 느끼는 것, 자신이 원하는 것을 제대로 이야기하기도 전에 유진 씨는 엄마의 갇힌 관점에 사로잡혀 자신의 진짜 마음을 전할 수 없었다.

엄마는 딸이 조금 더 감정적으로 무뎌지고 자신감을 갖고 홀로 서기를 바랐지만, 그러기 위해서는 일단 엄마가 먼저 유진 씨를 있는 그대로 받아주는 것이 필요했다.

반응 '추가'가 아닌 반응 '제거'가 필요하다

유진 씨의 엄마는 그 후로도 여러 번 상담실에 와서 이야기를 나누었다. 유진 씨의 예상처럼 엄마의 생각을 바꾸기는 쉽지 않았다. 하지만 시간이 가면서 엄마가 딸을 보는 관점이 달라지기 시작했다.

엄마가 말랑말랑해지는 만큼 유진 씨는 단단해졌다. 엄마가 상담실에 오기 시작한 그 시점부터 유진 씨의 불안과 공황 증상은 가라앉기 시작했다. 완벽한 공감은 아니더라도 엄마가 자신을 이해하기 위해 따로 시간을 낸다는 것, 그 자체로 자신이 얼마나 소중한 사람인지, 자신의 예민하고 민감한 마음이 존중받아 마땅하다는 사실을 실감했기 때문이다.

엄마도 시간이 갈수록 "제가 뭘 더 어떻게 해줘야 하나요?"를 되묻지 않았다. 처음에 엄마는 자신이 어떤 반응을 '추가'해야 하는지 혼란스럽다고 했지만, 사실 더 근본적으로 필요한 것은 '제거'였다. 뭘 더 해야 하는 것이 아니라 상처가 되는 반응만 줄이면

되는 것이었다.

이런 엄마의 변화는 사소하지만 큰 파급을 불러오는 중요한 변화였다. 엄마는 이전까지의 일상적이고 형식적인 반응인 '그래, 너도 소중하지. 그런데 내가 뭘 더 어떻게 해줘야 하는 거니?'라며 한숨 짓는 모습을 더는 보이지 않았다. 그러자 딸은 엄마의 한숨에 예민하게 반응하던 (엄마의 입장에서는 괴로운) '엄마 껌딱지'의 모습을 더 이상 보이지 않았다.

이제 딸은 엄마의 반응이 아닌 자기 감정에 더 집중하기 시작했다. 마음의 에너지를 온전히 자신을 위해 쓰는 것이다. 이 힘으로 이제 딸에게는 엄마를 비롯한 다른 사람들이 자신을 대하는 거칠고 투박한 사랑 방식마저도 받아들일 여유가 생겼다. 과거에는 엄마를 발신인 삼아 언어가 아닌 신체적 반응과 심리적 증상으로 세상 위에 산발적으로 표출할 수밖에 없었던 그녀의 이야기가 더 온전하고 명료한 모습으로 엄마의 가슴을 돌아 그녀에게 돌아오기 시작했다. 엄마와의 관계에 소통의 통로가 열린 만큼 세상과의 관계에도 소통의 통로가 열린 것이다.

아무리 서로 사랑하는 두 사람이라고 해도 사람은 모두 다르고 그런 만큼 한 사람 한 사람이 모두 특별하고 소중하다. 엄마와 딸이라 해도 예외는 아니다. 가장 가까운 사람이라 해도 서로의 다름을 받아들이고 배려하는 노력 없이 사랑의 물줄기가 저절로 순환되는 일은 거의 없다. 오히려 가까운 사람일수록 낯선 사람 대아붓 오늘 또다시 새로워지는 마음을 수신하고 발신하는 서로의 사랑 방식을 짐짐하는 일은 계속되어야 한다.

쉽게 죽이 맞는 딸이 있고, 서로를 온전히 이해하기까지 더 많은 시간과 진통이 필요한 딸도 있다. 그리고 세상의 모든 '관계'가 서로를 변화시켜가는 판이라면, 엄마와 딸의 관계는 모든 성장과 변화의 출발선이다. 엄마도 딸을 키우지만 사실은 딸의 다름을 받아들임으로써 엄마도 성장한다. 엄마는 딸을 통해 자신의 몸을 통해 세상에 나온 누군가라도 자신과 완전히 다른 존재임을, 처음에는 머리로, 그리고 서운함으로, 또 그 다음에는 마음으로 겸허히 받아들인다. 또 딸은 엄마가 쉽게 받아들이지 못한 엄마와 다른 자신의 모습이라도 담담히, 그리고 당당히 받아들인다. 세상의 모든 딸들은 엄마의 삶이 아닌 자신의 삶을 살아갈 것이기 때문이다. 그러니 서로의 다름에 고개를 흔들며 돌아서고 갈등하기보다는 그 모든 다름과 차이에도 불구하고 서로를 사랑하고 인정하는 마음을 확인하는 시간이 우리에게는 필요하다.

더 들여다보기

'불편한 진심'을 이야기할 때 필요한 4가지 마음의 태도

아무리 편하고 좋은 관계라 해도 딸은 엄마에게 다름과 상처를 이야기해야 하는 순간을 맞이한다. "내 생각은 달라"에서 더 나아가 "엄마의 다른 생각이 내게는 상처가 되었어"라는 고백을 해야 하는 결정적인 순간, 다음의 4가지를 기억할 필요가 있다. 그리고 이것은 모든 사람과의 관계에서 '불편한 진심'을 이야기하는 순간에도 도움이 될 것이다.

첫째, 멀어지기 위해서가 아니라 가까워지기 위해서다

우리는 가까운 관계일수록 그 관계에 방해가 될 것만 같은 불편한 마음은 숨기고 홀로 삼킴으로써 그 관계를 유지해나갈 수 있다고 생각하는 면이 있다. 하지만 어떤 마음을 오래 숨기다 보면 결국에는 멀어질 수밖에 없다. 오래되어 익숙하고 친밀한 관계일수록 상투적인 이야기의 패턴에서 벗어나 겉으로 드러난 관계 밑에 깔린 진짜 이야기, 불편한 진심을 이야기할 필요가 있다.

그 마음을 꺼내는 순간은 어색하고 낯설고 불편할지 몰라도 결국에는 관계를 더 단단하게 만들어줄 것이다. 진정 친밀한 관계란 불편함이 전혀 없는 관계가 아니라 더 가까이 맞닿게 될수록 생길 수밖에 없는 불편한 진심을 허심탄회하게 이야기할 수 있는 관계를 의미한다.

둘째, 말할 준비 못지않게 들어줄 마음의 준비도 중요하다

많은 사람들이 '솔직한 마음을 이야기해야 한다'는 생각으로 꽉 차거나 자기 안의 상처를 더 이상 견디기 어려운 순간이 찾아오면, 자신은 물론 상대가 미처 들을 준비가 되어 있지 않은 상태에서 공격적이고 즉흥적으로 자신의 감정을 쏟아놓는다. 하지만 내 마음을 정리하는 데에도 시간이 필요한 것처럼 상대방에게도 받아들이기 위한 준비의 시간이 필요하다. 그렇게 해야만 뜻밖의 내 태도에 상대가 충격을 받아 방어적이고 공격적인 모습을 보이거나 또는 그런 모습에 내가 다시 상처받는 일을 막을 수 있다.

셋째, 더 나은 상황을 기대할 수 없다면 기다린다

'해봤자 소용없을 것'이라는 마음이 더 크다면, 적어도 내 마음이 '이야기를 해보고 싶고, 그렇게 하는 것이 의미 있을 것'이라는 쪽으로 돌아설 때까지 기다리는 것이 좋다.

'안 될 것'이라는 마음이 바닥에 깔려 있다면 어떤 방식으로든 방어적으로 이야기를 하게 된다. 그러면 상대 역시 방어적으로 반응하기가 쉽다. 결국 내가 예상했던 '안 될 거야'의 상황을 불러올 가능성이 크다. 그러므로 더 나은 방향으로 변화할 수 있으리라는 쪽으로 마음이 기울 때까지 기다리는 것이 필요하다.

넷째, 긍정적인 반응을 기대하되 너무 큰 기대는 내려놓는다

이야기를 한다는 것은 지금까지의 관계 속 반응 패턴을 깨고 상대의 관점과 말에 변화를 기대하는 것을 의미한다. 하지만 나만큼이나 엄마 역시 오랫동안 같은 패턴에 갇혀 있었기 때문에 내 이야기를 즉각적으로 수용하고 관점을 변화시키기를 기대하는 것은 금물이다. 기대가 클수록 실망도 크다. 그러니 한 번의 시도에 너무 큰 변화를 기대함으로써 결과에 실망하거나 흔들리기보다는 엄마가 내 이야기를 받아들이는 데에 시행착오의 시간이 있을 수 있음을 알 필요가 있다.

Chapter 03

우리는 왜 항상 같은 지점에서 상처받고 울컥할까?

내 마음의 소리

"다른 엄마들은 그렇지 않은데 왜 우리 엄마만 이런 걸까요?"

'엄마'는 우리가 세상에서 가장 먼저 내뱉은 단어이자 우리 입술에 가장 가까이 달라붙어 있는 단어입니다. 그런 만큼 '엄마'라는 단어에는 많은 생각과 느낌, 기쁨과 아픔이 동시에 담겨 있습니다. 우리에게 익숙한 단어일수록 그 속에 경직된 관념과 환상이 심어져 있는 경우도 많습니다. 그래서 우리는 때로 '엄마'를 새롭고 낯설게 볼 필요가 있습니다. '엄마는 이래야 한다', '가족은 본래 이런 것이다' 같은 경직된 관념들, 그리고 그 관념들을 둘러싼 기대와 실망감, 포기할 수 없이 새롭게 돋아나는 환상 섞인 기대들을 다시 생각해볼 필요가 있기 때문이지요.

'다른 엄마들은 안 그런데 우리 엄마는 왜?'라는 비교 의식과 '본래 그랬어야 하는데 그러지 못한 엄마'에 대한 원망과 씁쓸함이 마음속에서 수시로 들끓는다면 다시 돌아봐야 합니다. 이런 관념들은 엄마를 있는 그대로 보기 어렵게 하고 엄마에 대한 상처 감각에 나를 더 깊숙이, 더 오래 가둬두니까요. 가족이라는 이유로, 그저 의무라는 이름으로 견디고 버텨내야 하는 애증의 존재로만 보게 만드니까요.

이번 장에서는 '모성애'에 관해 이야기해보려 합니다. 엄마와 딸의 관계에 흐르는 '~해야 한다'는 관념이 우리를 어떻게 상처 입히는지를 살펴보려 합니다. 모성애를 둘러싼 엄마의 죄책감과 부담감, 딸의 원망과 분노를 생각해봅시다. 모성에 대한 환상을 조금만 거둬낸다면 우리는 좀 더 편안하고 솔직하게 엄마를 마주할 수 있습니다.

엄마라는 사람이 어떻게 그럴 수 있나요?

소미 씨는 상담 시간 내내 엄마가 얼마나 무책임하고 미성숙하며 이기적인 사람이었는지에 대해 성토했다.

"저희 엄마는 딸이 셋이나 되는데도 악착같이 자기 것을 챙기던 사람이었어요. 좋은 게 있어도, 맛있는 게 있어도 항상 자기가 먼저였죠. 엄마라는 사람이 어떻게 그럴 수가 있나요?"

언제나 자신이 먼저인 엄마 때문에 딸들이 자라면서 입은 마음의 상처는 깊었다. 그녀는 어린 시절부터 엄마에게 적절한 보호를 받지 못했고, 엄마의 잘못된 판단으로 살면서 많은 피해를 봤다고 했다. 성인이 되어 이제야 자기 삶을 살아볼 만한 시기가 되었지만 엄마는 또다시 그늘을 드리웠다. 과거에 딸에게 힘을 휘두르는 권력자였던 엄마는 이제 돈이 없고 병약해진 모습으로, 그녀가 돌봐야 하는 책임이자 짐으로, 다시 돌아온 것이다.

언니와 동생은 사정이 좋지 않아 어쩔 수 없이 소미 씨가 엄마를 돌봐야 했다. 하지만 사랑이 아닌 의무로 엄마를 돌봐야 하니 마음속에서는 언제나 분노와 원망, 짜증이 소용돌이쳤다. 엄마가 원망스러웠고 이런 상황에 처한 자신의 운명에 분노했다. 엄마를 향한 격앙된 감정은 쉽게 수그러들지 않았다.

처음에는 그녀가 감정을 있는 그대로 표현할 수 있도록 도와주었다. 하지만 현실을 바꿀 수는 없었고, 그녀 스스로도 자신이 엄마를 돌볼 수밖에 없다고 느끼고 있었기 때문에 그것만으로는 큰 도움이 되지 않았다. 그래서 그녀가 반복적으로 이야기하는 '엄마라는 사람이!'라는 표현에 드러난 마음을 살펴보기로 했다.

"엄마에 대한 이야기를 할 때 소미 씨가 반복적으로 상처받는 지점이 있어요. '엄마라는 사람이'라는 기준과 연결되는 것 같은데, '엄마라는 사람'은 어떤 모습이어야 한다고 생각하나요?"

"엄마라면요……."

엄마라면 딸을 보호하고 사랑해야 한다.
(하지만 내 엄마는 딸을 보호하지 않았고 사랑하지 않았다.)

엄마라면 자신의 욕구와 안위보다는 딸의 욕구와 안위를 우선으로 여겨야 한다.
(하지만 내 엄마는 언제나 자신의 욕구와 안위가 우선이었다.)

엄마란 딸에게 상처 주지 않으려고 애써야 하며 상처를 주었다면 사과해야 한다.

(하지만 내 엄마는 딸인 나에게 치명적인 상처를 주었으면서도 뻔뻔하기까지 하다.)

긴 침묵 끝에 나온 그녀의 대답에는 그녀가 어린 시절부터 간절히 원했던 이상적인 엄마의 모습이 투영되어 있었다. 그리고 그녀가 그토록 간절히 원했던 '엄마라는 사람'에 대한 이상은 우리 사회에서 '모성애'라는 단어로 찬양되는 이상적인 엄마의 모습과 겹쳐지는 면이 많았다.

왜 우리는 다 알면서도 언제나 같은 상황에서 울컥할까?

소미 씨의 마음속 '진짜 엄마'는 이상적인 엄마였다. '엄마' 하면 떠오르는 보편적이고도 상투적인 이미지와 관념, 상징을 그녀는 간절히 열망했다. 그녀의 마음속 엄마는 한없이 따스하고 자애롭고 희생적이었다. 하지만 '진짜 엄마'라는 이상과 '내 엄마'라는 현실 사이의 차이는 컸다. 완벽한 '진짜 엄마'의 모성이 '내 엄마'라는 구체적이고 결함 많은 현실과 대비될 때 그 차이만큼 그녀의 감정은 요동쳤다. 이상 속 진짜 엄마의 무한한 모성에 비해 턱없이 모자란 내 엄마의 모성 사이에서 그녀의 마음은 평온할 날이 없었다.

그녀는 '엄마는 무한한 모성을 지닌 존재'라는 사실은 물어볼 필요도 없는 당연한 상식이라고 했다. 그리고 이런 이야기를 하면서 또다시 엄마는 단 한 번도 엄마다운 모습을 보인 적이 없다며, 자신의 마음속 진짜 엄마의 기준을 완벽하게 배반하는 삶을 살아온 엄마에게 분노했다. 그리고 그런 엄마 밑에서 상처받았던 시간들이 안타깝고 화가 나며, 그 상처가 여전히 진행 중이라는 사실도 답답해했다.

그녀가 원망과 분노를 느끼는 것은 당연했다. 하지만 그런 감정의 표출은 현재의 상황을 해결하기 위한 좋은 방법이 아니었다. 그래서 그녀에게 익숙한 그 감정 자체에 집중하는 대신, 한번만 찬찬히 생각해보자고 했다. 엄마에게 상처받을 수 있고 분노할 수 있고 원망할 수 있고 좌절할 수 있다. 하지만 엄마는 본래 그런 엄마였고, 앞으로도 그러리라는 것을 그녀는 이미 알고 있었다. 그런데도 그녀는 왜 여전히 같은 상처의 지점에서 같은 강도로 울컥하는 걸까?

소미 씨처럼 상담실을 찾은 엄마와 딸 중 상당수가 "엄마라는 사람이 어떻게 그럴 수가 있지요?" 혹은 "딸이라면 이렇게 해서는 안 된다"며 가슴을 친다. 그들 마음속에는 우리가 당연한 상식이라며 생각하는 '엄마라면', 혹은 '딸이라면'이라는 당위 기준이 자리 잡고 있다.

물론 이상과 현실은 다르다는 것을 알기에 어느 정도는 포기한다. 하지만 또 자신이 어느 정도 포기했다는 것을 의식하기에 '이미 엄마에 대해 포기한 것이 얼마나 많은데, 무엇을 얼마나 더 포기해야 한다는 것인가?'라는 생각이 들 때마다 더더욱 좌절하고 분노하고 원망하며 무기력해하기도 한다.

정도의 차이만 있을 뿐 많은 딸들은 엄마와 갈등하며 자신의 마음속 엄마와 현실 엄마의 간극에 실망하고 상처받기를 반복한다. 그리고 많은 경우 '완선히 포기했다'고 말하기도 한다. 하지만 그 순간마저도 사실은 마음속에 절대로 포기하지 못하는 엄마라는 대명사를 고이 간직하고 비교하며, 또다시 기대하고 열망한다. 그런 기대와 기다림을 완전히 내려놓기는 힘들다.

소미 씨는 엄마에 대한 성토를 하는 것이 진정한 목표는 아니라고 했다. 어차피 엄마가 돌아가시기 전까지는 명목상이라도 딸 역할을 해야 하기에 상황을 받아들이며 자기감정을 조절할 수만 있다면 좋겠다고 했다. 그녀가 진정 원하는 것은 자기 마음이 편해지는 것이었다. '엄마라는 사람이 어떻게 그럴 수가 있지?'라는 이해할 수 없는 감정의 홍수에서 벗어나 '그럴 수도 있지'라는 형태로 초연하게 넘어가는 것이었다.

이성적으로 생각해보면 그게 맞았다. 하지만 이 과정은 결코 쉽지 않다. 그러기에는 모성이 우리에게 의미하는 바가 크고 끈덕질 뿐 아니라 사회 문화적으로도 우리가 모성에 걸치고 있는 마음이 매우 복잡하고 고착된 면이 있기 때문이다.

소미 씨의 마음을 잘 정리하기 위해서는 무엇보다 우리 사회의 모성이데올로기에 걸쳐 있는 기대와 환상을 이해하고 모성을 재정의할 필요가 있었다.

모성을 강요하면서도 낮춰 보는 사회

모성애는 우리가 삶에서 기대하는 첫 번째 안전 기지이자 모든 기대가 꺾여도 기댈 수 있는 마지막 보루로 여기는 감각이자 감정, 관계이자 관념이다. 또 그렇기에 끝끝내 포기하기 힘든 환상이 되기도 한다.

우리는 모두 타인의 모성애에 기대어 살아왔고, 한때는 그것이 전부인 시기를 지나기도 한다. 사실 어른이 된 지금도 누군가의 모성애에 기대어 심리적 삶을 연명해가고 있다. 그만큼 우리는 모성애를 당연하게 여긴다.

그리고 이런 사회일수록 엄마를 둘러싼 강도 높은 '모성이데올로기'가 형성된다. '엄마라면'에 '~해야 한다'가 따라붙어 엄마의 행동 지침과 기준을 결정한다. '엄마라면'의 목록이 길고 융통성이 없을수록 단지 아이를 낳았다는 이유 하나만으로 여성들은 엄마라는 이름 아래 묶이고, 각자가 지닌 욕구와 특성, 결핍과 장점은 지워진다. 구체적인 한 개인은 사라지고 그저 '누구의 엄마'로만 남게 되는 것이다.

그런데 모성의 위대함을 찬양하고 칭송하면서도 한편으로는 그것을 너무 당연하게 여긴 나머지 엄마의 역할과 기능을 평가 절하하는 목소리도 존재한다. 이런 양극단의 평가를 마음에 품고 현실의 엄마들은 일상 곳곳에서 크고 작은 좌절과 실망을 경험하게 된다.

모성이데올로기가 극단적인 만큼 엄마들 역시 극단적인 모습을 보인다. 이들은 '악착같이 자기 몫만 챙기는 이기적인 모성 또는 모성애가 눈곱만큼도 없는 모성'이거나 '모든 것을 자식들에게 내어주는 불쌍한 모성' 그 사이 어디쯤에서 딸들을 키워낸다. 그리고 내면에 자리 잡은 모성 관념이 극단적일수록 엄마와 딸은 서로에게 더 큰 상처를 주고받는다. 엄마가 너무 이기적이었든, 너무 이타적이었든, 어느 쪽이든 똑같이 상처를 받는다.

'모성애'로 묘사되는 따스하게 품어주는 엄마에 대한 맹목적인 기대 때문에 여성들은 이미 엄마가 되기 전부터 엄마 자리를 부담스럽게 여긴다. 이런 사회 구조 속에서 엄마의 희생은 쉽게 추앙되지만, 그런 만큼 다분히 현실적인 한계와 두려움, 욕망을 가진 엄마들은 아이를 가지기 전부터 크나큰 책임감과 부담감을 떠안을 수밖에 없다. 그리고 아이를 기르는 과정에서도 지나친 죄책감과 수치심을 가진다.

딸도 엄마도 모성이데올로기에 강력하게 붙들려 있다 보니 엄마들은 이런 모습을 보인다.

자신의 욕구를 내세우려 할 때마다 눈치를 본다.

'엄마인 내가 이렇게 해도 될까?'

완벽해 보이는 다른 엄마들과 비교하며 스스로에 대한 의혹을 느낀다.

'왜 나는 다른 엄마처럼 내 아이에게 못할까?'

스스로가 생각하는, 사회가 승인하는, 아이가 원하는 엄마의 모습에 부합하지 못했다는 생각에 죄책감을 갖는다.

'난 엄마 자격이 없는 것 같아.'

다른 사람이 비난하기 전에 스스로 자책한다.

'엄마가 되어가지고. 쯧쯧.'

'엄마'라는 이름으로 치러야 할 희생을 당연하게 여긴다.

'엄마니까 당연히 참고 견뎌야지.'

문제의 본질에서 멀어지는 자기변명이 습관화된다.

'아이들 생각해서 이혼하지도 못하고 그냥 사는 거죠.'

강력한 모성이데올로기를 둘러싼 이런 모든 마음의 작동 방식은 엄마에게는 물론 딸에게도 해롭다. 딸은 눈치 보는 엄마가 못마땅하고, 때로는 엄마의 마음속 죄책감을 볼모로 부당한 요구를 하기도 한다. 엄마의 희생에 큰 부채감을 가지면서도 엄마를 답답해하고 비난하고 원망한다. 그리고 그 뒤에 숨어 자기도 독립된 삶을 살지 못한다.

좋은 엄마 콤플렉스와 착한 딸 콤플렉스가 강력하게 연결될 때

문제는 여기서 끝이 아니다. 엄마라면 으레, 응당, 이래야 한다는 맹목적 기준과 강박관념, 이를 둘러싼 분노와 죄책감의 톱니바퀴가 '착한 딸 콤플렉스', 그리고 '좋은 엄마 콤플렉스'와 연결될 수 있다. 이럴 때 문제는 걷잡을 수 없이 확장되고 복잡 미묘해진다. 딸은 "엄마라면 ~해야 하는 거 아냐?" 하면서 자기 자신은 물론 엄마에게 상처를 입히고, 엄마는 엄마대로 "딸이라면 ~해야 하는 거 아냐?"라며 모성 강박을 딸에게 대입해 효의 강박을 요구한다. 그러다 보면 엄마와 딸은 서로에 대한 원망과 비난을 반복하며 출구 없는 자기비난과 자기혐오에 갇히기 쉽다. 서로가 눈치를 보고 원망과 비난, 분노의 악순환에 더 깊이 빠져드는 것이다.

모성이데올로기로 대변되는 좋은 엄마 콤플렉스와 효이데올로기로 대변되는 착한 딸 콤플렉스 사이를 오락가락하며 딸은 절대 함께할 수 없는 평행선을 달리는 것 같은 생각과 감정에 시달린다. 양립할 수 없는 생각과 감정을 동시에 소화시키려 할 때 우리의 몸과 마음은 시스템 오류를 일으킨 컴퓨터처럼 제대로 기능하지 못한다. 그리고 당연히 받아야 할 사랑을 받지 못했다는 억울함 때문에 엄마는 물론 다른 사람과의 관계에서도 사랑을 의심하고 쉽게 오해하고 분노하는 관계의 악순환을 계속한다.

엄마에 대한 마음은 그대로 타인의 사랑에 적용되고 전이된다. 타인의 사랑에 대해서도 "네가 나를 사랑한다면 ~해야 한다"는 편협하고 까다로우며 실현 불가능한 이상적인 사랑의 조건을 나열하는 것이다. 물론 세상 대부분의 사랑은 그 빈틈없는 사랑의 조건에 부합하지 못하고 탈락될 수밖에 없다.

그런데 사실 사랑이 내게 오지 못하는 이유는 나에게 있다. 까다로운 조건을 세워놓고 이미 내 앞에 당도한 사랑의 가능성, 사랑의 세례를 받아들이지 못하는 사람은 결국 나이기 때문이다. 그럼에도 이런 사실을 깨닫지 못한 채 사랑이 나를 탈락시켰고 거절당했다고 원망한다. 강도 높은 모성에 대한 기대와 실망이 세상의 사랑에 대한 거절과 좌절로 전이되는 것이다.

엄마는 엄마대로 딸의 비난에 대해 때론 죄책감을 가졌다가 때론 변명해봤다가 때론 괘씸해했다가 때론 마음을 고쳐먹고 관대해지려 했다가 또 결국에는 "너도 꼭 너 같은 딸 낳아 고생해보라"며 저주 아닌 저주를 퍼붓는다. 그러고는 이내 후회하지만 비슷한 일은 반복된다. 마음이 갈래갈래 흩어지기 때문이다. 자신의 마음을 견주고 대입하는 외부 기준인 모성이데올로기를 내려놓지 못하는 한 불편한 마음은 계속된다. 끝끝내 도달할 수 없는 이상적인 모성에 미치지 못한다는 생각에 강박과 노이로제, 완벽주의에 사로잡혀 괴로워한다.

기준에 미치지 못했다는 감각이 주는 느낌은 엄마의 전 생애를 지배하고 그 느낌은 또 고스란히 딸에게 대물림된다. 딸은 충족 불가능한 이상으로 엄마와의 현실적 관계가 손상되고 있다는 사실을 어렴풋하게는 알지만, 그럼에도 그 이상을 포기할 수 없는 절실하고 절박한 마음으로 엄마를 향해 “나에게 해준 것이 뭐냐!” 라며 소리친다. 그럼 엄마는 “내가 너에게 못해준 게 뭐냐!”고 반박했다가 슬그머니 딸의 말이 맞을지도 모른다는 생각에 다시 괴로워한다.

마치 언제 터질지 모르는 시한폭탄을 마음에 안고 있는 것처럼 엄마도 딸도 턱까지 걸린 서로에 대한 불편한 마음을 완전히 풀어버리지 못한다. 조마조마한 마음으로 가장 가까운 사람을 가장 먼 사람으로, 가장 사랑하기를 원했던 그 사람에게 가장 큰 상처를 주는 일상을 반복한다.

모성을 재정의하다

그런데 과연 '모성'은 엄마만이 느끼고 나눠줄 수 있는 것일까?

모성은 모두의 마음속에 있는 '타인을 향한 연민과 공감, 보살피는 마음'이라고 다시 정의내릴 수 있다. 게다가 아이를 낳았다고 누구나 바로 사회가 요구하고 기대하는 성숙하고 따스한 엄마가 될 수 있는 것도 아니다. 모성은 선천적이고 생물학적으로 처음부터 완성형으로 피어나는 것이 아니라 수많은 시행착오와 성숙의 과정을 거쳐 다듬어진다. 따라서 모성은 오로지 '엄마'를 통해서만 구하고 요구해야 하는 사랑이 아니다.

"한 아이를 키우는 데에는 온 마을이 필요하다"는 유명한 말이 있다. 모성은 엄마라는 한 사람만 줄 수 있고 감당해야 하는 사랑의 희생적인 측면을 대변하는 것이 아니라 한 아이, 더 나아가 한 사람을 둘러싼 환경이 겹겹의 구조로 손을 내밀고 감싸주는 세상의 모든 따스함을 의미한다. 따라서 엄마가 자신의 한계나 결함,

혹은 자신의 특성과 장점으로 인해 주었거나 주지 못한 어떤 것은 사회라는 구조에서 보충되거나 승화되거나 대체될 필요가 있다. 우리에게는 엄마가 실패하거나 한계점에 도달한 어떤 지점에서 모성의 바통을 넘겨받는 사회 구조에 대한 상상력이 필요하다.

좌절한 딸이 '엄마 탓'을 하며 힘들어한다는 것은 그 속에 '엄마의 실패'도 담겨 있고 '딸의 미성숙'도 담겨 있을 수 있다. 하지만 더 근본적으로는 엄마의 모성에 너무 많은 것을 기대는 '사회 구조적인 실패'를 의미한다. 엄마가 딸에게 애정을 듬뿍 쏟고 잘 보살필 수 있도록, 그 엄마가 어떤 정서적 문제나 경제적인 문제에도 방해받지 않고 모성을 구현할 수 있도록 도와줄 누군가가 필요하다.

엄마에게도 엄마가 절실히 필요하다.

세상 어디에도 완벽한 사람은 없다

소미 씨는 '엄마'를 다시 배울 필요가 있었다.

"아무리 살펴봐도 제 친구 엄마들은 안 그런 거 같거든요. 친구가 자기 엄마랑 다정하게 찍은 사진들만 보면 너무 짜증이 나요. 왜 우리 엄마는 저런 엄마가 아닌가라는 생각이 들거든요."

소미 씨는 친구들에게 엄마에 대해 묻고 비교하며 반복해서 실망하고 상처를 받았다. 그들의 다정함과 친밀함이 그녀에게 상처가 된 것이다. 하지만 겉으로 다정해 보이고 친밀해 보인다고 해도 그것은 진실의 한 면일 뿐 전체를 보여주는 것은 아니다. 진실은 카메라 밖에 있고 진심은 관계 속에서만 실감된다.

엄마는 오로지 개인적으로만 체험되는 존재이다. 관계 밖에서는 단지 짐작만 할 수 있을 뿐 실제로 내 엄마가 아니면, 내 딸이 아니면 알 수 없는 진실과 진심이 있다. 우리는 내 엄마와 다른 사람들의 엄마 사이에 놓인 간극에 대해 단지 부분적이고 일시적인 비교만 할 수 있을 뿐, 전체적인 비교는 할 수 없다. 모성은 그렇게 추상적으로 실감할 수 있는 개념이 아니기 때문이다. 하지만 우리는 자주 타인의 모성을 쉽게 짐작하고 재단한다.

우리의 현실은 언제나 이상에 미치지 못한다. 이상에 미치지 못하는 정도가 아니라 딸들이 그러하듯 엄마들 또한 결함 많고 불완전하며 약간의 강박증과 약간의 우울감, 또 어느 정도의 자기 중심성이 불러일으키는 실패와 실수를 반복하는 사람일 뿐이다. 그 정도가 얼마나 심각한가, 그리고 이를 성찰하고 반성할 여유가 있는가 없는가의 차이만 있을 뿐이다.

모성이데올로기가 만들어놓은 이상적인 엄마와 현실 속 엄마 사이의 간극에서 오는 문제에 대해서는 크게 두 가지 방향의 해결책이 있다. 하나는 현실의 엄마가 내 마음속 이상적 엄마에 가깝게 바뀌는 것이고, 다른 하나는 내 마음속 이상적 엄마의 모습을 수정하여 현실의 엄마를 받아들이는 것이다.

사실 두 가지 해결책은 동시에 진행되어야 한다. 엄마의 변화만으로 이 모든 문제가 해결되지는 않는다. 근본적으로는 딸이 자신의 마음속에 있는 이상적인 엄마를 내려놓고 현실의 엄마를 받아들이기로 결심해야 한다. 경직된 모성이데올로기는 언제나 서로에 대한 비난으로 귀결될 수밖에 없고, 그래서 애초에 얻고자 했던 사랑으로부터 더 멀리, 더 깊이 멀어질 수밖에 없다. 게다가 엄마에 대한 비난은 가장 파괴적인 결과를 초래하기도 한다. 모든 것을 엄마 탓으로 돌리고 엄마의 변화만을 기대한다면, 내 마음은 현재가 아닌 과거에 머물게 되고 결국 내 선택이 아닌 엄마의 해결을 기다려야 하는 입장이 되고 만다.

엄마에게도, 딸에게도 모성이데올로기에서 벗어나는 것, 느슨해지는 것이 필요하다. '엄마는 이래야 한다'를 포기할 때 '딸은 이래야 한다'는 착한 딸 콤플렉스 역시 함께 내려놓을 수 있다. 그리고 더 나아가 타인의 사랑에 대해 품고 있는 경직된 기준과 의혹 역시 더 이상은 우리를 힘들게 하지 못할 것이다.

어쩌면 우리는 현실의 엄마에 대한 실망 때문에 평생 동안 내 마음을 알아주는 대상을 찾아 지금에 이르렀는지 모른다. 하지만 엄마는 완벽하지도 않고 완벽할 수도 없고 또 사실 완벽해서도 안 된다. 우리는 엄마의 결함을 통해 세상의 결함을 배웠고, 그 결함을 상대하며 우리 안의 결함도 받아들일 수 있었다. 그럼에도 우리는 늘 완벽한 엄마를 꿈꾸고 평생 동안 완벽한 엄마를 대체하는 이상적인 대상을 찾아 헤매왔고, 우리 자신 역시 완벽하기를 열망해왔다. 그것이 환상인 줄 알면서도 엄마에 대한 상처가 강하고 깊을수록 더 큰 환상을 품고 완벽한 무엇인가를 기대했다.

이런 마음 구조 속에서는 그 누구도 내 마음을 구해주지 못한다. 나를 구할 수 있는 것은 오직 나 자신뿐이다. 일단 엄마 비난을 멈추고 내게 상처를 준 과거의 엄마를 떠나보내는 것은 물론 마음 속에 드높이 세운 환상의 엄마 역시 떠나보내야 한다.

그 과정을 통해 우리는 엄마도 완전하지 않고 세상도, 타인도,

그리고 나 자신도 완전하지 않다는 것, 그래도 괜찮다는 것을 받아들이게 된다. 서로의 불완전함을 이해하고 받아들일 때 엄마도 모자란 엄마가 아닌 현실의 엄마로 담담히 받아들일 수 있다. 그러면 엄마에 대한 감정의 온도 역시 차분해진다. 포기해야 할 것과 받아들여야 할 것, 요구해도 되는 것과 기대하면 안 되는 것이 너무 쉽게 파악된다. 아무리 가슴을 치며 요구하고 비난하고 원망해도 바뀌지 않는 것과, 노력하면 바뀔 수 있는 것을 가려낼 수 있다.

내면의 갈등이 잠잠해지면 눈치 보는 일도, 두려워하는 일도 줄어든다. 더 이상 그 누구의 딸도, 그 누구의 엄마도 아닌, 나만의 욕구와 감정, 취향과 개성을 가진 '나'라는 한 개인으로서 더 당당하고 담담하게 세상을 마주할 힘을 내 안에서 찾을 수 있다.

모든 엄마들은 자신의 한계라는 테두리 안에서 최선을 다한다. 자녀가 태어난다고 자동으로 모성애가 생기는 것이 아니다. 이 세상에 존재하는 모든 관계가 가진 속성 그대로 상호작용과 경험치, 함께한 기억들이 축적되고 이런저런 시행착오를 거치며 발전하고 깊어지는 것이 모성애다. 사랑하는 방식은 모든 사람이 다 다르다. 또 때로는 딸이 기대했던 사랑과 전혀 다른 사랑을 주는 철저히 자기중심적인 엄마의 사랑은 사랑이 아닌 상처로 딸의 마음에 각인되는 경우도 많다. 그럼에도 불구하고 딸을 향한 사랑은 언제나 엄마의 마음속에 깃들어 있다.

엄마에게 화가 나고 답답할 때 확인해보면 좋을 3가지

관계에 대한 나의 관념과 기준을 돌아보자

만약 친밀한 관계 속에서 반복적으로 실망하고 상처 입는다면 관계에 대한 내 생각을 돌아보자. 구체적이고 솔직하게 살펴볼수록 상대방의 결함이나 불성실 때문이 아닌 내가 그들을 바라보며 거절하고 평가하는 기준이 관계에 방해가 되었다는 사실을 깨닫게 될 것이다.

이렇게 나를 돌아보는 과정을 거치면 엄마가 나를 실망시킨 것이 아니라 내가 애초에 도달할 수 없는 어떤 높은 기준을 정해놓고 엄마를 탈락시키고 있음을 깨닫게 된다.

엄마의 엄마에 대해 물어보자

우리가 자주 잊는 사실 가운데 하나는 엄마도 누군가의 딸이라는 사실이다. 엄마의 엄마는 어떤 사람이었고, 엄마가 엄마로부터 받은 사랑의 방식 또는 상처가 마음에 어떤 모습으로 자리하고 있는지를 이해하는 것은 내가 엄마로부터 받은 사랑의 방식, 엄마가 나에게 준 상처를 이해하는 실마리가 된다.

이 확인 과정을 거치면, 엄마의 행동이 나를 사랑하지 않거나 내가 사랑받을 자격이 없기 때문이라고 단정 짓지 않게 되므로 안심할 수가 있다. 자기가 받은 대로 주게 되는 사랑의 대물림과 순환 구조로 인해 모든 모성에 구멍이 뚫릴 수밖에 없다는 사실을 받아들임으로써 엄마가 우리의 마음에 남긴 상처를 있는 그대로 받아들이게 된다.

엄마의 하루를 온전히 따라가보자

한번쯤은 엄마를 그저 한 여성, 한 사람으로서 거리를 두며 엄마의 일상을 밀착 취재하듯 한 편의 영상을 보듯 함께 따라가보자.

아침에 일어나 거울 보는 모습, 얼굴을 찌푸리며 집안 청소를 하는 모습, 무심하게 앉아 반찬 다듬는 모습, 일터에서의 모습, 친구들과 이야기를 나누는 모습 등 하루 동안의 동선을 따라가다 보면 엄마를 생각하는 내 마음에 다른 생각, 다른 감정이 들어서기도 한다.

그런 생각과 감정들이 기존에 내 마음을 점령하고 있던 힘들고 고통스런 마음과 만나면 감정의 온도가 전보다 차분해지고 감정의 결이 다채로워진다. 그렇게 되면 엄마를 '내 마음속 엄마에 도달하지 못했던 실패한 모성'이 아닌 그냥 한 사람으로 바라볼 수 있다. 그리고 우리는 비로소 현실의 엄마를 있는 그대로 이해하고 받아들일 수 있게 된다.

Chapter 04

우리는 서로 다르고
그렇기에 모두 아름답습니다

내 마음의 소리

“예쁘지 않으면 사랑받을 자격도 없고 성공할 수도 없어요.”

딸들이 엄마에게 원하는 것은 무엇일까요? 아마도 무조건적인 사랑과 수용이 아닐까요? 이런 이야기를 하면 어떤 엄마들은 이론적으로는 알지만, 걱정스러운 면이 많다고 이야기합니다. 어떻게 딸들의 모습을 있는 그대로 받아들일 수 있는지, 모든 것을 받아주면 응석받이가 되거나 오히려 엇나가지는 않을지, 또 세상의 기준에 미치지 못해서 불이익을 받지는 않을지 염려합니다.

하지만 ‘무조건적인 사랑’이란 무조건, 즉시 모든 것을 다 들어주는 것이 아닌 그 사람의 존재 자체를 긍정하고 결과가 아닌 과정을 수용하며 기다려주는 마음의 태도입니다. 이런 무조건적인 사랑의 세례를 받은 아이들은 있는 그대로를 받아들일 수 있는 여유로운 사람이 되고, 성장을 향한 안정적인 에너지를 발산하며, 세상의 기준에 휘둘리기보다는 자기만의 내적 기준을 세워나가는 사람이 됩니다. 무조건적인 사랑을 어떻게 해줘야 하는지, 그로 인해 문제가 생기지는 않을지를 고민하기보다는 그냥 지금 실천하면 됩니다.

딸들이 엄마에게 원하는 것일 뿐 아니라 엄마도 딸들에게 원하는 것, 엄마와 딸의 관계 속에서뿐 아니라 한 개인이 세상과 맺는 관계 속에서 편안함을 얻고 성장을 해나갈 수 있는 발판이 되는 삶의 중요한 요소가 '무조건'이라는 조건에 담겨 있습니다. 그래서 이번 장의 주제는 '무조건적인 사랑'입니다.

무조건적인 사랑을 표현하는 데 방해가 되는 다양한 삶의 요소들과 그 요소들이 가진 독을 고스란히 딸에게 전하는 엄마의 내면에 깔린 상처의 대물림을 살펴볼 것입니다. 특히 외모 지적은 엄마들이, 흔히 그러나 가장 강력하게 딸들의 마음에 상처를 남기는 행동 중 하나입니다. 그래서 그것이 얼마나 마음에 큰 짐을 남기는지를 살펴보고, 그 파급을 멈추게 하는 가장 강력한 기준으로서 '무조건'의 중요성을 이야기하고자 합니다.

타인을 향하던 냉혹한 잣대가
자기 사신을 향하다

하연 씨는 대학교 3학년 학생이다. 아나운서 시험을 준비하고 있는 그녀는 대학에 들어온 이후로 깊은 우울과 불안, 외로움을 경험했다. 폭식과 절식을 반복했고, 사람들과 깊이 친밀해지기 어려웠다. 남자친구를 사귀면 자꾸만 집착했다가 쉽게 헤어졌고, 외모에 대한 지나친 집착 때문에 힘든 일상을 보내고 있었다. 그리고 힘겨움은 진로에 대한 불안에서 가장 극적으로 나타났다. 아나운서가 꿈인 그녀는 자주 이런 말을 했다.

"아나운서 시험에 떨어지면 루저가 되는 거죠. 그럼 저는 끝이에요."

그저 과장된 표현만은 아니었다. 그녀는 진심으로 아나운서가 되지 못하면 사회의 낙오자가 될 것이라 생각했다. 그리고 그녀는 외모와 직업, 돈 버는 능력, 사는 곳이 사람들의 계급을 결정 짓는다는 노골적이고 단순한 삶의 전제와 태도를 가지고 있었다. 그녀는 서슴없이 말했다. 그저 그런 회사에 다니느니 괜찮은 남자를 만나 결혼을 잘 하는 것이 여자의 삶에서는 가장 성공적인 경로이며, 학벌과 외모에 따라 사람을 차별하는 것도 당연한 일이라고 했다. 대학에 입학할 때도 턱걸이 명문대라고 생각하는 지금의 대학에 합격해 안도했지만, 예전에 자신보다 공부를 못했던 친구가 더 좋은 대학에 입학했다는 소식을 들었을 때에는 자존심이 상했다고 했다.

상담을 받기 시작한 즈음부터 철학 수업을 듣기 시작했다고 했는데, 이조차 그저 "인문학적인 교양이 있어야 고상한 사람이 된다"는 엄마의 말에 따라 선택한 것이라고 했다.

그녀의 모든 사고와 행동은 평면적이고 단순했다. 그리고 이 모든 생각과 감정의 물줄기를 따라가다 보면 언제나 그 끝에 엄마가 있었다. 엄마의 영향력은 강력했다. 그녀는 엄마의 관습적이고 인습적인 관념들을 고스란히 받아들였다. 그리고 그것을 기준 삼아 자신에게 중요한 삶의 결정을 내리고 자신의 일상을 지배하는 감정과 욕망을 재단해나가고 있었다.

외모에 따라 사람을 판단하는 외모 지상주의, 일단 이기고 봐야 한다는 승자독식의 정치학, 돈의 지배를 받는 자본주의, 눈에 보이는 성과물과 능력을 최대치로 끌어올려야 한다는 능력중심주의, 여자는 어디까지나 보호받아야 하며 남들 눈에 꽃처럼 어여쁘게 보여야 하는 존재라는 가부장적 사고가 그녀의 마음에 의심 없이 들어차 있었다. 이런 그녀의 관념세계는 마치 견고한 건축물처럼 그 자체로 단단했다. 그녀의 내면에 들어차 있던 이 관념적 건축물은 그녀가 속한 현실을 담기에는 너무 폐쇄적이고 단면적이었다. 그래서 추상적이고 입체적이며 복잡한 방식으로 바라볼 필요가 있는 세상의 많은 일들은 그녀의 정신세계에 들어올 수가 없었다.

고등학교 때까지는 그런 단순하고 단단한 관념들로 그럭저럭 버텨갈 수 있었지만, 대학이라는 더 넓은 세계에 노출되자 그녀의 정신 구조는 현실을 담아내지 못한 채 결함을 드러냈다.

그녀는 자주 "불안해요. 우울해요. 짜증나요"라는 말을 했다. 이런 감정이 든다는 것은 기존에 의지하고 참조하고 있던 세상의 작동 방식과 틀에 변화가 필요하다는 것을 나타내는 어떤 신호였다. 불안과 우울감은 정신과 마음의 기초가 탄탄하지 않다는 것을 의미한다.

엄마의 좁고 인습적인 관념을 토대로 세상을 판단해온 그녀는 자기 자신도 그 같은 관념의 평가적 시선을 빗겨갈 수 없다는 것을 이제 온몸으로 경험하고 있었다. 그녀가 세계를 평가하는 데 써온 잣대가 부메랑처럼 돌아와 그녀에게 상처를 주고 있었던 것이다. 그녀에게는 그전까지 마음속에 '현실'이자 '상식'의 이름으로 들어서서 스스로를 상처 입히고 있는 관념의 기둥들을 무너뜨리고 다시 세워가는 과정이 필요했다.

'불편함'이라는 감정은 변화의 필요성을 알리는 신호

엄마는 하연 씨의 감정을 무시했다. "불안하다"는 말에 "사람은 누구나 다 불안한 거야"라고 대답하고, "우울하다"는 말에는 "너보다 더 힘든 사람을 생각하라"고 했다. 또 "짜증이 난다"고 하면 "그러면 못 써"라며 그녀의 개인적인 감정을 보편적 원리원칙으로 덮어버렸다. 그런 엄마가 그녀의 마음속에 강력하게 버티고 있었기에 그녀는 힘들다고 하면서도 힘든 자신의 마음에 오래 깊이 머물지 못했다. 또 그런 감정이 생기는 족족 엄마에게 실어 나르기 바빴고, 그럴 때마다 엄마는 흔들리는 그녀의 마음을 무시한 채 자신이 생각하는 원 위치에 그녀를 돌려놓는 일에 집중했다.

그녀가 해야 할 일은 자신의 생각과 감정을 엄마의 생각과 감정으로부터 분리하는 것이었다. 그래서 엄마의 말이나 반응을 실어 나르는 대신, 그런 말과 반응을 실어 나르는 '나'에 주목하고 말할 필요가 있었다. 항상 '엄마'나 '다른 사람'을 주어로 놓고 말하던 습관에서 벗어나 '나'를 주어로 말하는 것이 중요했다. 그렇게 해야만 마음을 지배하고 있던 관념의 건축물에 조금씩 균열을 내고 무너뜨려 새로운 건물을 세울 수 있을 것 같았다. 내 마음속 진짜 주어의 생각에 힘이 실리면서 '엄마의 생각'을 다시 돌아보는 것이다.

익숙한 많은 것을 새롭게 들여다봐야 하는 만큼 그녀는 처음에는 어려워하기도 했다. 하지만 그녀는 조금씩 엄마의 말과 생각이 만들어놓은 절대적이고 평면적이며 인습적인 외부 기준 사이의 빈틈을 보기 시작했다. 그녀는 점점 엄마의 말을 비판적으로 듣기 시작했고 그만큼 스스로 더 많이 성장했다. 이 과정은 모든 것이 상처였지만 상처인 줄도 모르고 당연하게 여겼던 경험을 살피는 것부터 시작했다. 그리고 많은 경험 중 유독 상처를 많이 받은 것이 외모와 관련된 지적이었다.

상담을 시작한 지 몇 주 되지 않았을 때의 일이었다. 앞의 상담이 생각보다 길어져 대기실에서 조금 더 기다려야 했던 그녀는 상담실 의자에 앉자마자 이런 얘기를 했다.

"저렇게 예쁜 사람도 상담을 받나요?"

"예쁘면 마음의 고민이 없을 것 같나요?"

"왠지 예쁘면 그럴 것 같아요. 우리 엄마가 딱 좋아할 스타일인데……."

그녀는 방금 전 상담을 마치고 나간 내담자를 보고서는 예쁜 사람이 상담을 받는다는 사실이 인상 깊다고 말했다. 마치 예쁘면 마음이 힘들 일도 없을 거라는 듯 예쁜 외모를 자신의 마음을 붙잡아줄 중요한 변수로 생각했다. 그녀는 외모는 그냥 중요한 정도가 아니라 생사를 결정할 만큼 중요하다고 했다.

"왜 그렇게 외모를 중요하게 생각하게 되었을까요?"

"엄마뿐만 아니라 친척들도 다 외모에 관심이 많았어요. 친척들이 모이면 외모 품평회가 이루어지는 거죠. 엄마는 예쁜 편이고 제 여동생도 인형처럼 예쁜데 저는 엄마를 안 닮았거든요. 사람들은 제 눈, 코, 입을 뜯어보면서 엄마를 닮지 않았다고 말했어요. 그러면 엄마는 거기에 덧붙여 제가 마치 실패작인 것처럼 말했죠."

"그런 얘기를 들으면서 어떤 생각이 들었어요?"

"제가 진짜 실패작 같죠."

어린 시절부터 엄마와 다른 친척들에게 받아온 외모 지적, 그리고 그 배경이 된 외모지상주의와 가부장 구조는 그녀가 자신의 외모를 있는 그대로 받아들이는 것을 방해했다.

우리는 여성이 자신의 몸과 편하게 관계 맺는 것이 쉽지 않은 사회 분위기 속에서 살고 있다. 이런 분위기 속에서 성장한 여성들은 외모에 대해 과도하게 의식하고, 그럼으로써 자기 자신을 열등한 존재로 생각하게 되는 경우가 많다. 그래서 균형 잡힌 관점을 가질 수 있게 도와주는 누군가가 필요하다.

그런데 하연 씨의 엄마는 이런 사회 분위기를 완충해주는 역할을 하는 대신 적극적으로 그녀에게 같은 메시지를 심어주었다. 엄마는 딸에게 반복적으로 타자의 시선을 내면화하기를, 타자의 시선을 두려워하기를, 그럼으로써 '루저'의 나락으로 떨어지지 않기를 반복적으로 지적했다. 그리고 엄마는 가장 노골적이고 평면적이며 평가적인 차별 구조로 쌓아올린 세계 위에 딸을 세워 두고는 그 구조의 중심에 들어가야 한다고 재촉했다. 절대로 주변부로 밀려나서는 안 된다고 계속해서 어르고 달래고, 필요할 때는 협박 아닌 협박도 했다. 엄마의 내면에 자리 잡고 있었던 생각들은 딸의 내면에 심어졌다.

그러다 보니 그녀의 내면에는 끝도 없는 열등의식을 느낄 수밖에 없는 겹겹의 구조가 자리를 잡았다. "너는 누군가로부터 선택받기를 열망하고 선택받기 위해 노력해야 한다. 선택받지 못하면 끝이다."

엄마로부터 반복적으로 해롭고도 치명적인 메시지를 받으며 자란 딸은 자기 자신을 있는 그대로 받아들이지 못한다. 딸은 끊임없이 자기 스스로와 불화한다. 끊임없이 남과 비교하고 평가한다. 엄마는 사실 자신이 진짜 상처를 주고 있다는 사실을 인식하지 못한 채, '다 너를 위해서', '너의 상처를 최소화하기 위해서'라는 명목으로 딸에게 상처를 준다. 딸은 온갖 불행과 불만의 요소들이 뒤얽혀 끓고 있는 용광로 속에서, 행복하기 위해서가 아니라 기껏해야 불행의 나락으로 떨어지지 않기 위해 분투하게 된다.

사춘기 소녀에게
엄마의 말 한마디가 중요한 이유

딸은 엄마의 몸을 통해 세상에 나왔고 엄마를 중심으로 자신을 견주어볼 운명을 타고났다. 그래서 딸들이 타고난 모습 그대로 엄마에게 사랑받는 것은 더욱 중요하다. 그런데 인격이 형성될 시기에 반복적으로 '엄마에 의해' 외모에 대해 지적을 받는다면 딸은 온 인생에 걸쳐 자신의 몸과 투쟁을 하게 된다. 신체와 정신은 서로 긴밀하게 연결되어 있어서 몸의 투쟁은 곧 마음의 투쟁으로 전이된다. 딸은 삶의 출발선에서 자신의 모습이 외부 기준에 미치지 못한다는 생각, 거기서 비롯된 수치심을 내면화한다.

사회 문화적인 분위기 역시 이 같은 수치심에 큰 영향을 미친다. 여성은 소개팅을 나가든, 면접을 보든 자신을 알리는 많은 과정 중에서 '외모'가 중요한 변수임을 암묵적으로 인정하는 분위기 속에서 성장한다. 여성의 몸을 대상화하는 사회 문화적인 압력을 일상적으로 경험하는 것이다. 안타깝게도 우리 사회에서 외모는 여전히 여성이 한 세계에 받아들여질지 받아들여지지 않을지, 받아들여진다면 어떤 방식으로 받아들여질지, 거절당한다면 어떤 방식으로 거절당할지를 결정하는 중요한 변수다.

여성은 자라면서 이런 압력을 때로는 미묘하게 또 때로는 노골적으로 마주하게 된다. 여성이 자신의 몸(외모나 아들을 생산해낼 수 있는 생식력)으로만 자신을 대변해야 했던 과거에 비해 지금 사회에서 여성은 이제 몸이 아닌 한 사람의 인간으로서 자신을 대변할 수 있는 범위가 커진 사회에 살고 있다. 또 대상화의 영역이 다를 뿐 남성 역시 사회 문화적으로 기울어지고 왜곡된 조건에 따라 대상화되는 경험으로부터 자유롭지 않다. 하지만 외모라는 변수가 여성에게 치명적인 이유는 이것이 타고난 것이고 기준이 명확하지 않기 때문이다.

타고난 것이라는 건 아무리 노력해도 애초부터 성취될 수 없는 지점이 있음을 의미하고, 기준이 명확하지 않다는 것은 아무리 노력해도 모든 사람들에게, 모든 면에서 '예쁘다'는 절대적인 판정을 받고 안도할 수 없음을 의미한다. '예쁘다'는 것은 그것을 평가하는 사람 각각의 취향과 경험, 욕망과 순간의 감정을 통해 상대적으로, 그리고 변덕스럽게 구축된다. 그러니 여성들이 한 번 그런 목소리 '들'에 귀를 기울이기 시작하면 한없이 이어지는 외모 품평에 마음이 산란하다. 갈구하지만 도달할 수는 없는 어떤 지점이 설정된 이상, 이 기준은 여성 모두를 소외시킨다. 그리고 그런 사회 문화의 분위기 속에서 과도하게 '사회화'된 여성은 타자의 시선과 관심을 과도하게 '내면화'한다. 타자의 시선으로 자신을 바라보는 자기 검열, 자기 단속이 일상화된다. 그 누구라도 일상적인 삶의 조건과 배경의 영향을 받을 수밖에 없다.

외적 기준과 압력, 목소리들에 포위된 사춘기 소녀에게 진정한 본질과 중심을 내면에 세우는 일은 무엇보다 중요한 심리적 과제다. 이들은 시시각각 거울 앞에 서서 자신의 모습을 비춰 보고 또 보며, 이런저런 옷을 입어보고, 포즈를 취해보고, 또 이런저런 장신구로 치장하며 수많은 의혹과 불안의 시간을 보낸다.

이때 소녀에게는 "그러지 않아도 된다. 넌 있는 그대로 충분히 예쁘고 소중하다"고 애정 어린 목소리를 들려줄 사람들이 절실히 필요하다. 그중 하나가 반드시 엄마여야 한다. 엄마야말로 딸에게 어떤 메시지는 걸러야 하고, 또 어떤 메시지는 싸워서 이겨야 하고, 또 어떤 메시지는 마음 깊이 간직해야 하는지를 선별해주는 가장 설득력 있는 존재이기 때문이다.

엄마도 마음의 상처를 간직한 채 엄마가 되었다

사실은 엄마도 그런 혼란과 압력을 견디고 인식하며 소녀에서 여자로, 여자에서 엄마가 되었다. 그래서인지 많은 엄마들이 딸에 대해 양가적인 불안과 설렘을 동시에 느낀다. 자신을 닮은 딸을 열망하기도 하지만, 한편으로는 두려워하기도 한다. 하지만 엄마들은 혼란스러워하는 딸들에게 이렇게 이야기해줘야 한다.

'누가 너를 어떻게 보든, 놀랄 만큼 못생겼든, 놀랄 만큼 예쁘게 생겼든 너는 너이고 그 누구도 너에게 상처를 줄 자격은 없다. 어떠한 일이 있어도 모든 것의 기준은 항상 너 자신이어야 하며, 있는 모습 그대로 사랑받아 마땅한 존재다. 누군가 너를 함부로 다루는 것은 물론이고, 또 너무 소중히 다루는 것도 경계해야 한다. 왜냐하면 너는 전시장에 진열된 상품이 아니라 존재 그 자체로 예쁘고 사랑스러운 내 딸이니까.'

그리고 엄마는 그저 말뿐이 아니라 자신의 삶을 통해 이를 뒷받침해야 한다.

불행히도 상당히 많은 엄마들은 성장하는 동안 자신의 존재에 대한 무조건적인 수용과 사랑을 내면에 세우지 못했다. 그렇기에 엄마들은 사회가 규정한 기준을 가장 열렬히 떠받드는 숭배자로 딸 앞에 존재한다. 자신이 살아오면서 필연적으로 내면에 품게 된 수치심과 콤플렉스를 딸에게도 가감 없이 전달한다. 스스로 충분히 예쁘지 않다고 생각함으로써 불행했던 엄마들은 자신을 꼭 빼닮은 딸에게 실망하고 그 실망을 어떤 방식으로든 표현한다. 이런 식으로 딸들은 외모뿐만 아니라 엄마의 내면도 물려받는다.

사실 '내가 어떻게 생겼는가'를 인식하는 '신체상body image'은 '내가 누구인가'를 구축하는 '자아상self-image'의 한 부분에 불과하다. 내가 어떻게 생겼는가는 내가 누구인가를 이야기하는 한 부분일 뿐 그 이상도 그 이하도 아니다. 하지만 많은 딸들에게 왜곡된 신체상은 왜곡된 자아상을 갖는 데 결정적 영향을 준다. 신체상이 자아상을 점령해버리는 것이다.

부끄럽다고 스스로 인식하는 부분으로 나의 전체를 판단하다 보니, 딸들은 그들의 엄마가 그러했듯 사춘기를 지나면서 고통스런 자아 상실을 경험한다. 비본질적인 것에 너무 많은 가치를 부여하는 부당한 사회 문화적 압력을 그대로 내면화하며 스스로를 부족한 존재로 여기는 여성들의 부적절감은 이렇게 세대를 타고 대물림된다.

상처받지 않으려고 애쓰는 마음이 더 큰 상처를 남긴다

하연 씨의 엄마처럼 왜곡된 관념을 그대로 딸에게 장착시키려고 열성인 엄마들의 이야기는 주변에서 쉽게 들을 수 있다. 어떤 엄마는 딸이 뚱뚱해질까 봐 몸에 맞는 치수의 옷을 사준 적이 없다. 그녀는 그 옷에 몸을 구겨 넣을 수밖에 없는 딸의 불편감과 수치심을 무시했다. 그러면서 자신이 딸의 미래를 위해 '관리'해주는 것, 그것이 엄마의 애정임을 믿어 의심치 않았다. 아이러니하게도 그녀는 딸들의 발을 무자비하게 묶어 기형으로 만드는 중국의 '전족' 문화를 기괴하다고 말했다. 하지만 어쩌면 자신이 같은 행동을 하고 있을지도 모른다는 사실에 대해서는 생각해본 적이 없는 것 같았다.

식탁에서 맛있게 음식을 먹는 딸의 몸을 보며 결혼하지 못할까 봐 걱정하며 한숨짓는 엄마도 있다. 그녀는 딸이 못마땅한 행동을 할 때마다 "네가 그러니까 남자친구가 없지!"라고 타박했다. 하지만 불과 몇 년 전만 해도 딸에게 남자친구가 생길까 봐 두려워했고, 엄마가 해준 음식을 먹지 않으면 자신의 사랑을 거부한다고 화를 내던 사람이 바로 자신이었다.

그렇게 자신의 몸을 조이고 압박하고 규격에 맞(다고 하)는 몸피(어찌되었든 결국 자신의 몸은 될 수 없는 몸피)를 만드는 데 각고의 노력을 쏟아붓는 과정은 딸의 목소리까지 축소하고 조이고 압박한다. 신체적 결박은 심리적 결박을 불러온다. 엄마는 "너는 너를 바꿔야 한다. 그렇지 않으면 선택받을 수 없다"고 재촉하고, 딸에게는 "누구에게? 왜? 선택받기를 기다려야 하는가"라고 되묻거나 의혹을 가질 틈을 주지 않는다.

이렇게 딸들이 자기 목소리를 잃어가는 과정은 흡사 동화《인어공주》를 떠올리게 한다. 엄마들은 목소리를 잃는 대가로 다리를 주겠다고 유혹했던 마녀와도 같다. 진정 인어공주, 딸을 생각한다면 누군가의 선택을 받기 위해 너에게 익숙한 무대와 너를 사랑해주는 사람들을 떠나는 모험을 하는 대신, 자기 목소리를 지키고, 있는 모습 그대로 사랑하고 사랑받는 건강한 관계를 해야 한다고, 그것이 가능하다고 설득해야 한다.

하지만 현실 속에서 많은 엄마들은 동화 속 마녀 같은 모습을 보인다. 엄마들은 딸을 '관리'하고 '평가'하고 '비교'하고 '통제'하며, 딸에게 상처 주기를 서슴지 않는다. 엄마는 남성 중심 사회를 살아오며 경험한 자신의 좁은 세계를 통해 힘이 있는 남성에게 '선택되어야만' 안전한 울타리를 확보할 수 있다고 확신하기에 딸에게 줄 수 있는 상처를 상처라고 인식하지 않는다. 물론 거기에는 어려운 길을 가지 말고 편하게 살기를 바라는 엄마의 진심이 담겨 있다. 하지만 바로 그런 진심 때문에 딸의 정신세계가 더 큰 상처로 얼룩지게 되는 답답하고 소름끼치는 일이 벌어진다. 결국 엄마들은 자신이 상처받았던 방식으로 딸들에게 상처를 준다.

하연 씨에게는 엄마의 생각과 자신의 생각을 분리하는 연습이 필요했다. 그러기 위해서는 이미 내면화된 엄마의 기준이 가진 모순과 문제를 직시할 필요가 있었다. 그녀는 항상 지고 있다고 느꼈고, 이기고 있다고 느낄 때조차 그 상황을 제대로 즐기고 음미할 수가 없었다. 언제 또 지게 될까 봐 두려웠던 것이다. 이 모든 것이 그녀가 엄마에게 받아온 '조건적인' 수용과 인정에 기인한 것이었다.

조건적인 수용과 인정, 그리고 사랑은 결코 우리를 행복하게 하지 못한다. 어떤 하나의 기준으로만 혹은 하나의 기준을 과하게 적용해서 수용과 탈락 여부를 결정한다면, 우리는 수용된다고 해도 오래 안도할 수 없고 탈락될 때 필사적으로 그 기준에 매달리게 되기 때문이다. 예를 들면, 공부를 잘해서 인정받은 사람은 성적이 떨어지는 것을 두려워한다. 부자이기 때문에 무시당하지 않았다고 생각하는 사람은 가난한 사람보다 가난을 더 두려워한다.

외모나 성적, 부유함이라는 외적 기준이 중요하지 않다는 것이 아니다. 그 모든 기준이 우리가 자신을 받아들일 것인가 못마땅해할 것인가를 결정할 만큼 본질적이고 중요한 것은 아니라는 것이다. 자신을 받아들이는 것은 어떤 기준이 끼어들 틈도 없이 '무조건'이어야 한다. 그리고 그런 '무조건'을 우리는 엄마에게 배워야 한다. 단순한 말이 아닌 진심으로 '느껴야' 하는 것이다.

엄마의 무조건적인 사랑을 그저 머리로만 상상하는 것이 아니라 가슴으로 느껴본 적이 있는가? 그렇다면 그 이후에 마주할 세상의 모든 단편적이고 냉정한 조건적인 기준들 앞에서도 자신을 잃지 않고 당당하고 담담하게 앞으로 나아갈 힘을 갖게 된다.

하지만 이미 엄마와의 관계에서 이런저런 조건들과 평가로 얼룩진 본질적인 사랑의 결함을 경험한 딸들은 세상과 맺는 관계뿐만 아니라 자신과 맺는 관계 속에서도 어려움을 겪는다. 이런 딸들의 삶은 외부의 조건들을 채우기 위한 불편하고 불안한 시도들로 점철된다. 그런 내면의 결핍을 의식하며 사는 삶은 불행하고 우울하다. 게다가 그 조건들은 아무리 해도 채워지지 않고 갈수록 더 큰 결핍감을 불러온다. 그 모든 조건들이 애초부터 채우는 것이 불가능한 조건이기도 하고, 우리가 본질적으로 원하는 것은 '무조건'이기 때문이다.

나만의 '무조건'이라는 조건을 세우자

만약 내가 어떤 용도나 기능, 역할로만 대변되고, 그것을 기준으로 선택 또는 탈락된다면 그 모든 과정을 미심쩍게 바라볼 필요가 있다. 가부장제나 자본주의는 여성뿐만 아니라 모든 인간을 불평등한 구조 속에 몰아넣고 용도나 조건을 기준으로 평가해버린다. 자기 삶의 주체가 아닌 객체, 중심이 아닌 변두리에 위치시킴으로써 우리 모두를 소외시키는 것이다. 그리고 이 소외와 결핍의 구조는 개인의 내면을 황폐화하고, 이런저런 외적 조건에 견주어 스스로를 부적절한 존재로 바라보게 한다. 그리고 이는 엄마와 딸처럼 가장 인간적이고 사랑이 넘치는 관계까지 오염시켰다.

하지만 여기서 중요한 것은 엄마의 조건적인 사랑 때문에 실망하고 좌절했다고 해도 모든 것이 끝나는 것은 아니라는 점이다. 이 세상에서 가장 중요한 '무조건'은 결국 타인이 아닌 내 안에서 찾아야 한다. 나에 대한 나의 사랑은 '무조건'이어야 한다. 내가 어디에서 누구와 무엇을 하든, 내가 무엇을 잘할 수 있고 무엇을 할 수 없든, 나는 나를 무조건 사랑해야 한다. 왜냐하면 나는 태어나서 죽을 때까지 1년 365일, 하루 24시간 내내 엄마가 아닌 나 자신과 함께 살아왔고, 살고 있고, 살아갈 것이기 때문이다.

본질적으로 엄마와 딸의 관계는 이 모든 소외와 결핍의 구조를 해체해 나가기 위한 발판이 되어야 한다. 그리고 딸들은 언제나 엄마보다 더 멀리가야 한다. 이 과정에서 딸들은 과거의 인습을 내면화하고 있는 엄마와 부딪치며 상처를 받게 될 수밖에 없다. 하지만 그 상처가 아무리 아프다고 해도 딸은 자신이 부딪치는 것이 엄마 자체가 아니라 엄마가 내면화하고 있는 왜곡된 관념, 과거의 인습이라는 사실을 잊지 말아야 한다.

엄마와 함께 나아가기를 꿈꾸되, 만약 그럴 수 없다면 엄마가 편하게 느끼는 그 자리에 머물도록 엄마를 놓아주는 것도 필요하다. 그래야 엄마도 딸들을 놓아줄 수밖에 없다. 엄마들은 딸들이 경계를 넘어서는 과정에서 그 파편에 다칠 것을 염려하지만, 딸은 결국 그 경계를 넘어서 엄마가 꿈꿀 수조차 없었던 지점에 도달하게 될 것이다. 엄마가 세운 갑갑한 좌표에 머물지 않고 새로운 좌표를 설정하고 나 자신을 사랑하고 받아들이기 위해, 그리고 나 자신과 행복하게 지내기 위해 조건을 내세우거나 채울 필요는 없다는 것을 자신의 딸에게 어떤 의혹이나 불안 없이 말해줄 수 있을 것이다.

더 들여다보기

엄마의 외모 지적으로부터 살아남기 위한 3가지 지침

마음 지침 - 엄마의 상처와 내 상처 분리하기

엄마의 지적에 상처받지 않으려면 우선 다음의 두 가지 지침을 마음에 새겨둘 필요가 있다.

첫째, 엄마가 지적하는 것은 나라는 사람 전체가 아니다.
둘째, 엄마가 지적하는 것은 내 몸이 아니다.

사실 엄마의 지적은 엄마 자신의 심리적 불안과 불평, 불만과 연결된 어떤 것에 기인한다. 예를 들어 엄마가 살쪘다고 내 몸을 지적하는 것 같아도 결국에는 살쪘다고 생각하는 어떤 상태에 대한 엄마 자신의 심리적 반응일 뿐이다. 엄마의 지적은 더 본질적으로 다음의 두 가지와 연결되어 있다.

첫째, 엄마가 자라면서 겪은 자신의 몸과 관련된 상처 경험
둘째, 상처 경험을 내면화하면서 자리 잡은 엄마의 심리적 상태

이런 식으로 겉으로 드러난 엄마의 지적 대상과 실제 대상을 분리해 생각할 수 있다면, 엄마가 지적할 때마다 깊이 상처받으며 내적으로 흔들리지 않을 것이다.

행동 지침 - 엄마의 지적에 대응하되 목적을 잊지 말기

마음의 지침을 기억한다고 해도 일상적이고 반복적으로, 또 불시에 쏟아지는 엄마의 지적에 따른 갈등을 피하기는 쉽지 않다. 보통 딸들은 엄마의 지적에 대해 거의 자동적으로 방어적인 태도를 보이거나 반항함으로써 갈등을 키우는 경우가 많다. 그러고는 반복적인 패턴 속에 갇혀버리는 경우가 많은데, 이를 피할 수 있는 행동지침이 필요하다.

첫째, 나의 자동반응 가운데 갈등을 불러일으키는 것은 무엇인지를 살펴본다.

둘째, 무엇이 갈등을 키우는지 알아냈다면, 이를 '소거' 또는 '축소'하기 위해 '무반응' 혹은 '대체 반응' 전략을 세운다.

지적에 대한 딸의 자동반응은 대체로 엄마의 지적을 '강화'하거나 '활성화'하는 역효과를 불러오게 된다. 하지만 딸들에게 중요한 목표는 엄마를 이기는 것도 아니고, 엄마의 근본적인 태도를 바꿔놓는 것도 아니다. 그저 '엄마의 지적을 멈추게 하는 것'에 있다. '엄마의 지적'이라는 상황 앞에서 딸들은 쉽게 이성을 잃고 감정적이 되지만, 그럴수록 목표가 무엇인지를 생각해 냉정하고 합리적인 판단과 그에 따른 행동이 필요하다.

치유 지침 - 긍정적인 자아상 지키기

첫째, 나의 상처에 대해 엄마에게 솔직하게 설명한다.

의외로 엄마들은 딸을 향한 자신의 지적을 딸에 대한 애정이라 확신하며 그 지적이 딸에게 얼마나 큰 상처가 되는지 미처 알지 못하는 경우가 많다. 자신의 행동이 상처가 됨을 안다면 엄마도 지적하는 그 손가락을 거두고 그 손가락의 방향을 자신 쪽으로 돌리게 될지도 모른다. 다만 엄마의 입장에서 비난이나 원망으로 들리지 않도록 차분하고 담담하게 설명하고 고백해야 한다.

둘째, 필요하다면 전문가의 도움을 받자.

자아상은 우리 자신에 대한 너무 근본적이고 뿌리 깊은 관념이기 때문에 스스로 노력을 해도 쉽게 움직여지지 않는다. 그러니 나의 자아상이 불안전하고 왜곡된 신체상으로 뒤덮여 여러 면에서 위협받고 있다고 느낀다면 더 긍정적이고 안정적인 자아상을 세워나갈 수 있도록 전문가의 도움을 받아보는 것도 좋다.

Chapter 05

실수를 모두 마음에 쌓아둘 필요는 없습니다

내 마음의 소리

"나는 항상 실수하고 다른 사람에게 폐만 끼쳐요."

미국의 사회학자 찰스 쿨리Charles H. Cooley는 '거울 자아 이론looking glass self theory'에서 우리에게는 타인이라는 거울을 통해 비춰진 내 모습을 그대로 내 것이라 여기는 경향이 있다고 이야기합니다.

이런 경향은 어린 시절에 더 강하게 나타납니다. 타인이 비춰주는 내 모습을 의심하고 저항할 수 있는 힘이 어린아이에게는 별로 없으니까요. 진정한 독립에 이르기까지 긴 의존의 시간이 필요하기에 타인이라는 거울은 우리의 심리 건강에 크나큰 영향을 미칩니다. 어린 시절 자신에 대해 들었던 말과 행동, 태도는 우리 마음 깊이 각인되어 어른이 되어서까지도 강력한 영향을 미칩니다. 결국 지금 자신을 대하는 방식은 많은 부분 기억할 수 없거나 저항할 수 없는 시기에 타인이 우리를 대했던 방식의 영향 아래에 있을 가능성이 크지요.

따라서 타인의 이야기를 있는 그대로를 받아들이는 것이 아니라 의혹을 가져보는 시간이 필요합니다. 특히 나와 가장 가까운 사람인 엄마가 나를 대했던 태도와 행동을 되짚어보는 과정은 모든 사람에게 필요합니다. 긍정적이든 부정적이든 엄마의 기울어진 관점이 반영될 가능성이 크니까요.

그래서 이번 장에서는 엄마의 양육 방식과 태도가 딸에게 미친 영향을 알아보려고 합니다. 특히 '엄격함'이라는 덕목에 비춰 살펴볼 텐데, 생각보다 많은 사람들이 지나치게 엄격한 기준과 태도로 자신에게 가혹한 면이 있기 때문입니다. 이런 사람들은 자기 의혹에 휘말려 자책하며 힘들어합니다. 또한 일관적이지 않고 감정적이며 충동적인 훈육을 엄격함이라는 틀 속에서 경험했다면 이들은 타인의 마음에 대해서도 혼란을 느끼기 쉽습니다.

그러니 자책을 많이 하는 사람이라면 나를 대하는 엄마의 부정적인 평가를 그대로 내면화해서 스스로를 부정적으로 대하고 있는 것은 아닌지, 자기 자신에 대한 태도를 근본적으로 돌아볼 필요가 있습니다.

"엄마가 행복하지 않은 건 모두 다 내 탓이야."

수면 문제 때문에 상담실을 찾은 미혜 씨는 자책을 많이 하는 편이었다. 그녀는 작은 실수에도 스스로를 가혹하고 냉정하게 꼬집으며 소심한 성격을 탓했다.

"제가 기억하는 한 정말 어렸을 때부터 소심하고 자책을 많이 했어요. 이런 제 성격을 고칠 수 있을까요?"

성격에 대한 고민을 많이 하는 사람일수록 자기 성격을 바꿀 수 있는지 깊은 의구심을 가진다. 하지만 성격의 본질에 해당하는 기본 구조를 바꾸는 것은 쉽지 않아도 그 표현 방식은 유연하고 다양하게 변화시킬 수 있다.

소심하고 위축된 마음을 이야기하며 미혜 씨는 기억 속에서 하나의 장면을 떠올렸다. 아홉 살 무렵의 일이었다. 그날 그녀는 엄마를 돕고 싶은 마음에 엄마가 장을 보러 간 사이에 의자를 끌어와 고무장갑을 끼고 설거지를 했다. 왠지 모를 뿌듯함과 설렘도 느꼈지만, 한편으로는 화를 잘 내는 엄마가 어떻게 반응할지 몰라 불안하기도 했다. 하지만 집에 돌아온 엄마는 딸이 자신을 위해 설거지를 했든 안 했든 그다지 관심을 보이지 않았다. 그저 자신이 삶에서 경험하는 불안과 불만에 얽매여 있었기 때문이다. 이런 엄마의 반응 없음에 조금 실망했지만, 어쩔 수 없었기에 그녀는 그냥 방바닥에 누워 그림을 그리기 시작했다. 그런데 이때 엄마가 이가 나간 그릇을 발견했고 다짜고짜 그녀를 향해 분노를 터뜨리기 시작했다.

"하라는 숙제는 안 하고 왜 하지 말라는 걸 하고 그래?"

그녀는 놀랍고 무서워 아무 말도 할 수가 없었다. 그녀는 자신이 어떻게 해도 엄마의 마음을 바꿀 수 없다는 것을 설거지를 하기 전부터 예감했던 것 같기도 하다고 했다. 그때의 일을 회상하며 엄마에게 혼났다는 사실보다는 불안한 예감이 현실이 되었다는 것에 더 깊이 상처받았다는 것도 알게 되었다. 자신이 어떻게 해도 불행한 엄마를 바꿀 수 없고, 그러므로 앞으로 자신에게 닥칠 많은 불행한 상황도 어쩔 수 없다고 단정 짓게 되었다. 그 후 그녀는 더 절망스러웠고 무기력해졌다.

그녀의 기억 속에서 엄마는 언제나 감정이 흘러넘치는 사람이었다. 그리고 그녀는 그런 엄마의 딸이라는 이유로 흘러넘치는 과한 감정의 세례를 그냥 맞고 있을 수밖에 없었다. 그녀는 엄마의 가장 쉽고 만만한 화풀이 대상이었다. 이런 엄마 밑에서 딸은 언제나 위축될 수밖에 없었고 어떻게 하면 엄마를 기쁘게 해줄 수 있을까라는 생각에 골몰했다. 그리고 '어떻게 하면 내가'로 시작하는 그 모든 질문들의 끝은 언제나 자책으로 이어졌다. 어린 딸에게는 엄마의 모습을 객관적으로 평가하고 거리 두기를 할 수 있는 힘이 없었기 때문이다. 엄마의 불합리함을 보기에는 아직 어렸고 엄마를 탓하기에는 엄마의 사랑이 절실했기에 그녀는 엄마를 원망하는 대신 자기 탓을 하며 엄마의 불합리한 논리를 마음 깊이 받아들였다. 자신의 감정과 의도를 키워나갈 틈도 없이 처음부터 어른의 논리, 타인의 감정에 따라 스스로를 판단하는 기울어진 마음의 습관을 갖게 된 것이다. 그러다 보니 성인이 된 지금도 어떤 문제에 부딪혔을 때 주관을 가지고 정확한 판단을 내려 자신의 의견을 말하기보다는 비판적이고 까다로운 타인의 평가를 먼저 의식해 위축되었고 자책 속에서 힘들어했다.

마치 '숙제를 해놓으라던 엄마 말을 듣지 않고 괜히 설거지를 해서 엄마가 아끼는 그릇을 망가뜨렸어. 다 내 잘못이야'라고 생각했던 어린 시절처럼 삶에서 어떤 일이 생겨도 앞으로 '내가 잘하면'이라는 끝없는 순환 고리 속에 자신을 밀어 넣고는 스스로를 단속하고 습관적으로 타인을 위한 합리화를 대신해주는 일을 반복해온 것이다.

아이들이 상황을 인식하고 해석하는 방식은 어른들의 방식과 다르다. 아이는 자기 주변에 일어나는 좋지 않은 상황들에 대해 자신을 대입해 왜곡된 해석을 한다. 특히 엄마의 감정과 상태에 대해 과하게 '내가'를 대입하는 경향이 있다. 아이가 가지는 이런 '순진한 통제감'은 아이를 취약하게 만든다.

아이는 이런 순진한 통제감으로 '엄마가 이상해'라고 생각하기보다는 '내가 잘못했어'라고 생각하기 쉽다. 거기에는 나름의 이유가 있다. 아이에게 엄마는 너무나도 중요하고 거대한 존재이기 때문이다. 엄마가 만약 이상한 사람이라면 아이의 세계는 더 큰 혼란에 휩싸일 수밖에 없다. 차라리 내가 이상하다고 느끼는 것이 나에게 그토록 중요하고 거대하며 변덕스럽고 감정적인 대상에 대한 혼란스러움보다는 다루기 쉽다. 아이는 자신을 둘러싼 구조가 이상하다고 해도 그 구조를 내면화할 뿐 감히 그 구조를 거부해볼 상상조차 하지 못한다. 그렇게 아이는 어른인 엄마의 논리와 감정에 심리적으로든 물리적으로든 스스로를 끼워 맞춘다. 살기 위해서다. 생존 본능이라는 것은 이토록 끈질기다.

이렇게 자란 아이는 세상의 모든 불협화음에 대해 자동적으로 자책한다. 자신을 둘러싼 많은 일에 과도하게 책임을 느끼고, 또 그러기에 너무 쉽게 스스로를 미워한다. 아이가 실수를 하더라도 감당해주고 상황을 자세히 설명해줌으로써 오해를 막아주고, 쉽게 상처받는 마음을 보듬어주는 어른이 없는 환경에서 아이는 무거운 삶의 방식을 익힌다. 아주 작은 실수에도 가혹하고, 사소한 일에도 트집을 잡았던 엄마의 방식 그대로 자기 자신을 대하는 것이다.

모든 사람의 마음속에는 어린 시절 자신에게 중요한 타인의 불완전한 모습과 그 불완전함에 적응하는 과정에서 익힐 수밖에 없었던 왜곡된 모습이 남아 있다. 그래서 본연의 내 관점이 아닌 타인의 관점에 나를 맞추면서 접혀진 내 마음을 다시 펼쳐보고 한 방향으로만 흐르고 있던 마음의 흐름을 멈추고 그 물길을 다시 트는 연습은 모두에게 필요한 심리적 과제다. 미혜 씨에게는 이런 연습이 더 중요하고 필요했다.

타인에게는 관대하지만 자신에게는 가혹한 사람들

다른 사람에게는 지나치리만큼 관대한데 스스로에게는 가혹한 딸들을 만날 때마다 그들의 엄마를 상상해보게 된다. 그들에게는 지나치게 가혹한 엄마가 있었거나, 스스로에게 가혹하게 구는 딸에게 말을 걸어줄 만한 여유를 가진 엄마가 없었을 가능성이 크다.

딸들의 마음속에는 자주 들었거나 인상 깊게 남아 있는 엄마의 목소리가 자주 울려 퍼진다. 특히 실수나 실패 같은 부정적인 상황에 놓였을 때 머리와 가슴에 남아 있는 엄마의 부정적 목소리는 이미 좌절한 그녀의 마음을 한 번 더 무너뜨린다. 혹은 결정적인 순간 들었던 엄마의 긍정적인 목소리는 딸들이 '그럼에도 불구하고' 자신을 한번 더 믿어보고 앞으로 나아갈 수 있게 하는 원동력이 되기도 한다. 그만큼 딸들은 엄마 목소리의 톤과 억양, 반복되는 말을 민감하고 세심하게 기억한다.

자동적으로 떠오르는 엄마의 말에는 큰 권위가 실려 있다. 아무리 똑똑하고 분별력 있는 딸이라 해도, 아무리 무지하고 분별력 없는 엄마라 해도 '엄마의 딸'이고 '딸의 엄마'라는 관계는 서로가 서로에게 언제나 너무 많은 의미를 부여하게 만든다. 다른 사안에 대해서는 의심하고 의혹을 제기하면서도 우리는 때로 너무 쉽게 우리 안에서 떠오르는 많은 목소리의 출처를 의심해볼 여지 없이 그냥 믿어버린다. 그리고 이런 경향성은 우리가 자신을 대하는 태도에 결정적인 영향을 미친다.

주의 깊게 살펴보지 않으면 딸들은 자기 안에 돌고 도는 목소리에 얼마만큼의 엄마가 담겨 있는지 가늠하지 못한다. 자신에게 엄격한 사람들은 스스로의 엄격성을 엄한 부모님 밑에서 자라 그렇다며 설명하지만, 그 이야기를 잘 들어보면 묘사된 엄마의 모습은 엄격한 정도를 넘어 기준 없이 그저 감정적인 경우가 많다. 일관된 기준을 가지고 딸을 양육한 것이 아니라 어쩔 수 없는 사정이나 변덕스런 감정 등 엄마의 주관적 기준으로 이뤄진 경우가 많은 것이다. 이런 엄격성은 자신감을 주기보다는 의혹을 남기기에 딸들의 자신감과 자존감은 타격을 입는다.

이런 엄마 밑에서 자란 딸들은 엄마를 비롯한 타인의 비일관성과 감정적인 측면에 의혹을 품기에 앞서 자신을 먼저 강하게 단속한다. 타인의 이해되지 않는 행동에 대해 '왜'라고 따져 묻는 대신, 그런 타인에게 자신을 맞추기 위해 자신이 '어떻게' 해야 하는지를 고민하고 또 고민한다. 하지만 애초에 질문의 방향 자체가 잘못 설정되었기에 아무리 해도 좋은 답을 얻기는 어렵다. 그러다 보면 딸들은 성인이 된 후에도 답이 없는 질문에 매달리며 스스로와 불화하게 된다.

오미보 감독의 영화 〈너는 착한 아이〉에는 이런 악순환을 아프게 보여주는 하나의 장면이 나온다. 영화에는 의욕은 있지만 아이들을 어떻게 다뤄야 할지 몰라 좌충우돌하는 초등학교 신임교사, 아이를 방치하는 엄마와 학대하는 새 아빠, 그리고 그런 부모를 둔 외롭고 불안해 보이는 한 아이가 나온다. 아이는 선생님에게 질문한다.

"제가 어떻게 해야 착한 아이가 될 수 있을까요?"

이 질문에는 엄마와 아빠가 자신들의 잘못과 기만을 합리화하기 위해 아이에게 너무나 많은 마음의 짐이 되는 질문을 던져놓았다는 사실이 담겨 있다. 아이는 아무리 해도 그 질문에 대한 답을 얻을 수 없을 것이다.

이런 질문에 어떻게 답할 수 있을까? 진짜 성숙한 어른이라면 그 질문 자체가 잘못되었다는 것, 그러니 사실은 그 질문에 답을 할 필요가 없다는 것, 더 나아가 그 질문을 부과한 사람이 지닌 한계와 불완전함에 대해 의문을 가져도 된다고, 아이에게 말해주어야 한다.

엄마의 방식이 아닌
내가 원하는 방식으로 나를 대하기

미혜 씨 역시 같은 질문 속을 맴돌고 있었다. 어린 시절, '어떻게 하면 엄마 마음에 들 수 있을까?', '어떻게 하면 엄마 마음을 거슬리지 않게 할 수 있을까?'라는 질문을 가졌던 그녀는 다른 사람과의 관계에서도 똑같은 질문을 반복해왔다. 그리고 성인이 된 지금도 같은 질문을 맴돌며 자신의 마음, 자신의 관점, 자신의 목소리를 키우고 펼쳐나갈 기회를 갖지 못한 채 위축감과 자책감 속에서 살고 있었다. 이런 그녀 내면의 아이에게는 답도 없는 질문들로부터 해방시켜줄 어른다운 질문, 어른다운 반문이 필요했다.

"실수했을 때 엄마는 가차 없이 냉정하게 미혜 씨를 대했어요. 아홉 살 난 딸이 설거지를 해놓았다면 얼마나 예쁠까 싶은데, 실수만 꼬집고 작은 것을 크게 들춰내 큰 것은 놓치고 말았죠. 이 나간 그릇은 아이 마음에 남을 상처에 비하면 별것 아닌데 말이죠."

그녀는 더 객관적으로 당시의 상황을 들여다보고 이런 이야기를 나누면서 다시 엄마의 모습을 떠올렸다. 전에는 그저 엄격한 편이라고 생각했던 엄마를 다른 측면에서 바라볼 필요가 있다는 것을 알게 된 것이다.

하지만 엄마가 지나쳤다는 것이 보이기 시작한다고 말하면서도 그녀는 여전히 엄마의 논리에 갇혀 있었고, 의도가 아닌 결과로 자신을 판단했다. 그런 식의 반응 패턴과 구조가 그녀의 마음 속에 너무 깊이 자리를 잡고 있어 자꾸만 '그래도'라는 말을 덧붙이며 여전히 엄마의 입장과 관점에서 이야기를 했다. 자기감정에만 집중해서 스스로를 위로하고 이해받는 것은 그녀가 가장 원하는 것이었지만 가장 하기 힘들어하는 것이기도 했다.

그녀는 언제나 타인의 관점으로 자신을 보며 살아왔다. 그리고 그 타인은 언제나 까다롭고 변덕스럽고 감정적인 모습을 하고 있었다. 그러다 보니 작은 실수나 오해와 갈등조차 견딜 수가 없었고, 결과가 좋지 않으면 그 어떤 것도 의미 없다고 생각했다. 그렇게 자신을 탓하는 데 너무 많은 에너지를 쏟다 보니 원하는 일을 할 때는 언제나 큰 어려움에 부딪쳤다.

"상상해보세요. 만약 미혜 씨에게 딸이 있다면 어떨 것 같아요?"

"당연히 예쁘겠죠. 제 딸인데."

"그렇죠. 그렇게 예쁜 딸이 엄마 고생 덜어준다고 대신 설거지를 했어요. 그러다 아끼는 그릇을 깼어요. 일부러 그런 게 아니라는 걸 안다면 미혜 씨는 딸에게 뭐라고 말해줄까요?"

"괜찮아, 기특하고 고마워. 다치지는 않았니?"

"맞아요. 그런 말이 미혜 씨가 사실 엄마에게 들어야 했던 말이에요. 중요한 건 누가 나에게 어떤 말을 한다고 해도 내 의도를 진심으로 아는 사람은 사실 나밖에 없다는 거예요. 그때 미혜 씨는 다른 누구도 아닌 엄마에게 '괜찮아, 엄마 도와주려다 그런 거잖아, 고마워' 같은 이해와 고마움의 말을 들었어야 했어요."

"하지만 엄마는 그렇게 해주지 않았어요. 엄마를 기쁘게 해드리고 싶었는데 오히려 엄마는 질책하고 화를 냈지요."

"그래요. 엄마가 알아줬으면 좋았겠지만 엄마는 그런 분이 아니었고 엄마의 삶이 너무 힘들어 미혜 씨의 마음을 알아줄 여유가 없었어요. 그렇다고 해서 엄마가 예전에 나를 대했듯 스스로 지금 나를 그렇게 대할 필요는 없어요. 지금도 늦지 않았어요. 실수를 할 때마다 너무 몰아세우지 말고 엄마에게 듣고 싶었지만 듣지 못했던 그 말을 자신에게 해주세요. 누가 뭐라 해도 내 진심을 나는 잘 알잖아요."

그녀는 조금 어색해했지만 그 모든 이야기를 마쳤을 때에는 그 전까지는 반만 웃는 것 같던 어색한 미소 대신 조금 더 편한 미소를 지어보였다.

“실수해도 괜찮아,
실수하는 게 당연해.”

그녀를 보내고 상담 노트를 정리하면서 이런 생각을 했다. 어쩌면 어린 시절에 그녀가 실수했을 때 들어야 했던 말은 ‘실수해도 괜찮아’라는 말보다는 거기에서 더 나아가 ‘실수하는 게 당연해’란 말이 더 적절하지 않았을까. 어른의 관점과 기준에서 아이는 거의 모든 면에서 서투르고 실수투성이니까 말이다.

많은 엄마들이 언젠가는 엄마라는 안전하고 안온한 울타리를 벗어나 더 거칠고 험한 세상에서 겪을 고생을 덜어주기 위해 딸에게 엄격하게 대한다. 그리고 이런 엄격함은 엄마가 의도했든 의도하지 않았든, 딸의 마음속에 어떤 목소리로 자리 잡는다.

그 목소리는 한편으로는 마음의 등대이자 지침이다. 하지만 ‘너를 위해’라는 명목으로 이루어진 어떤 엄격한 목소리는 딸들에게 발전적이고 건설적인 방식이 아니라 따끔따끔한 수치심으로 다가와 오히려 앞으로 나아가지 못하게 하고 자기 자신과 불화하게 만들기도 한다.

사실 '엄격함' 자체는 그다지 큰 문제가 되지 않는다. 오히려 엄격한 기준과 틀은 딸들이 자라며 기대어 성장할 수 있는 좋은 지침과 울타리가 되기도 한다. 단, 여기에는 중요한 조건이 있다. 그것은 '엄격함'이 '일관성'이라는 기준과 함께 가야 한다는 것이다. 일관적인 엄격함 속에서 딸들은 삶의 분명하고 구체적인 테두리를 부여받고 그 속에서 편안함을 느끼기도 한다. 예상할 수 있는 엄격함은 불안감을 낮춰준다. 언제 혼나고 언제 칭찬받는지를 분명하게 예상할 수 있을 때 아이는 그런 예측 가능함 속에서 세상을 편안하게 느끼고 진짜 통제감을 키워나갈 수 있다.

하지만 엄마가 자신의 감정적인 결핍과 욕구를 스스로 해결하지 못해 원칙 없이 일관적이지 못한 모습을 엄격함으로 포장한다면 극단적인 경우 딸은 그저 엄마 감정의 쓰레기통, 화풀이 대상과 같은 역할을 하게 될 뿐이다. 그러면 너무 많은 일에 자신을 탓하고 힘들게 하는 가짜 통제감, 순진한 통제감으로 '내가 더 잘하면'이라는 끝없는 마음의 블랙홀에 빠지게 된다.

모든 딸들은 엄마의 불완전함에 과하게 적응하느라 잃어버린 자기 안의 어떤 면을 회복하는 과정을 필요로 한다. 아무리 좋은 엄마라 해도 결코 완벽할 수 없고 결함이 있기 때문이다. 게다가 다른 면에 있어서는 잘 해내는 사람이라고 해도 엄마로서는 더 많은 실수를 하는 사람도 있다. 또 아무리 좋은 의도였어도 결과적으로 의도하지 않았던 방향으로 상황이 흘러가는 일도 있다.

그러니 엄마가 딸에게 부과한 질문이 모두 의미가 있는 것이 아니고 딸들은 엄마가 부과한 모든 질문에 답을 찾으려 애쓸 필요는 없다. 딸들에게는 엄마의 의도를 제대로 받아들이기 위해 오히려 엄마를 의심해보는 시간이 필요하다. 내 마음에 울려 퍼지는 엄마의 목소리가 지나치게 가혹하고 냉정하다면 그 목소리를 중화시키거나 대체할 다른 목소리를 키워 나가야 한다.

'엄마, 내가 실수했을 때 엄마가 했던 말이 나에게 상처가 되었어. 그 상처를 감당하며 내가 나를 또 상처를 주면서 그렇게 살아왔어.
하지만 이제 나는 스스로 실수를 다독여주는 방식으로 나를 대하기로 했어. 이젠 엄마가 나에게 했던 방식이 아니라 내가 엄마에게 원했던, 그 시선으로 나를 대해보려 해.'

자동적으로 자책을 하는 것이 습관으로 배어 있다면 한번쯤은 엄마가 어린 시절 나를 대했던 방식으로 내가 나 자신을 대하고 있는 것은 아닌지 살펴보자. 그리고 그 목소리가 자신의 마음을 제멋대로 활보하게 내버려두는 대신 그 목소리와 관련된 기억들을 다시 살피고 엄마가 했던 말과 엄마가 하지 말았어야 할 말, 사실은 엄마가 나에게 해줘야 했던 말을 구분해보자. 그리고 그 말들에 얽힌 감정의 응어리를 풀어주자. 그러면 엄마 역시 그 말을 필요로 했지만 스스로도 듣지 못했고 스스로에게 해줄 수 없었기에 딸인 나에게도 해줄 수 없었다는 것을 알게 될 것이다.

더 들여다보기

자책하는 습관에서 벗어나기 위해 알아두어야 할 3가지 심리 개념

과도한 개인화

'개인화'는 주변에서 일어나는 모든 일들을 자신과 연관지어 생각하는 경향을 말한다. '내가 어떻게 했더라면' 혹은 '내가 어떻게 하지 않았더라면' 하고 생각하는 것이다. 이런 경향은 어린 시절 엄마가 나에게 했던 언어의 구조를 그대로 내면에 적용한 것일 가능성이 크다. 혹시 일상에서 타인의 감정—특히 부정적 감정—에 너무 얽매이는 경향이 있다면 과도한 개인화에서 벗어나는 것이 필요하다. 시작은 그저 엄마의 감정적이고 비논리적인 사소하고 의미 없는 말과 행동이었지만, 그런 악순환을 끊어내 매듭지어야 할 사람은 바로 나 자신이다.

칼 같은 흑백논리

흑백논리는 일상에서 마주하는 많은 상황들을 딱 잘라서 단정 짓는 태도를 의미한다. 'A 아니면 B', '이것 아니면 저것', '너 아니면 나', '승리 아니면 패배' 등 과정이나 스펙트럼, 미세하고 모호하고 다채로운 삶의 현상과 단면들, 사람들 내면의 다양성을 무시한 채 둘 중 하나로, 딱 맞아떨어지는 설명과 결과로 분명하게 제시되기를 요구하는 마음이다. 이런 태도 역시 많은 부분 엄마에게 물려받은 것이고, 불안감이 큰 엄마일수록 자기 자신은 물론 딸에게 분명한 단정과 결론을 요구하는 경향이 있다.

만약 아직 결과로 분명하게 나오지도 않은 것에 대해 자책하는 성향이 강하다면, 그것은 내 잘못이 아니라 분명함을 요구하는 엄마의 태도, 그리고 그런 엄마의 태도가 대변하는 삶의 좁고 뾰족한 압력과 구조가 문제가 있는 것은 아닌지 의구심을 품어봐도 괜찮다.

치명적인 파국화

자책을 많이 할수록 생각은 꼬리에 꼬리를 물고, 그 생각이 불러온 부정적인 감정은 다시 그 생각의 연료가 되어 애초에는 작았던 부정적인 생각이 순식간에 걷잡을 수 없이 큰 불로 타오르는 일이 생기기도 한다. 그것을 파국화라 부른다. 우리 마음속에서 작은 것이 너무 크고 무거운 것, 치명적인 것이 된다는 뜻이다.

자책을 하며 부정적인 감정에 휩싸일 때마다 우리는 실수의 크기에 대해 다시 생각해볼 필요가 있다. 혹시 작은 실수에 너무 크게 혼났던 경험, 작은 일에 너무 크게 반응하는 엄마의 반응으로 인해 우리 마음이 그렇게 무너져가는 것은 아닐까? 물론 어떤 실수를 했다면 바로잡는 과정은 필요하지만 애초에 그 실수를 바라보는 방식이 감정적으로 왜곡되어 무시할 수 있는 실수도 돌이킬 수 없이 너무 큰 잘못처럼 여겨진다면 실수를 복구할 마음조차 생기지 않을 수 있다.

실수를 보는 관점이 엄마의 파국적인 관점을 반영하는 것은 아닌지 살펴보자. 그대로 가볍게 웃어넘길 수 있는 작은 실수도 '큰일 났다!'는 말로 내가 나에게 충격을 주는 일을 반복하고 있지는 않은지 말이다.

Chapter 06

타인의 마음보다는 진짜 내 마음이 더 중요합니다

내 마음의 소리

"언제나 '그 사람이 왜 그랬을까?'에 대한 답을 찾는 데 집착해요."

영국의 정신분석가 존 볼비John M. Bowlby는 '애착 이론Attachment theory'을 통해 엄마(혹은 엄마에 준하는 주 양육자)와 아이가 형성하는 강렬하고 안정적인 정서적 유대의 중요성을 널리 알렸습니다. 엄마가 아이의 '정서적 안전기지secure base'가 된다면 그 안전기지에 대한 감각이 아이의 마음속에서 세상과 자신에 대한 신뢰 감각으로 전환된다는 이 이론은 모성의 중요성을 강조하지요. 하지만 한편으로 생각해보면 엄마와 맺는 관계를 바탕으로 앞으로 세상과 어떤 관계를 맺을지 예견한다는 점에서 무시무시한 이론이기도 합니다.

볼비는 엄마와의 안정적인 관계를 토대로 타인과의 안정적인 관계를 예상하고 예감하는 것을 '내적 작동 모델inner working model'이라고 설명했습니다. 말하자면 '엄마가 나를 사랑해주는 걸 보니 다른 사람도 나를 사랑해줄 것 같다'를 머리가 아닌 가슴으로, 감정과 감각으로 체험하는 것이지요.

유년기의 애착은 성인기가 되어서도 중요합니다. 특히 연인과의 관계에도 영향을 미치기 때문에 딸들은 연애를 하면서 자신의 마음속 엄마를 소환합니다. 내 최초의 애정 대상인 엄마에 대한 감각과 감정, 관념으로 지금 내 앞에 있는 애정 대상을 바라보는 것이지요. 만약 누군가가 남자에 대해, 남녀 관계에 대해 왜곡된 관념을 가지고 있다면, 엄마를 대입해봄으로써 그 원인을 추적할 수 있습니다. 엄마가 딸에 대해 품는 마음뿐 아니라 엄마가 아빠와 어떤 관계를 맺었는지도 중요합니다. 딸이 세상에 태어나 처음 보는 남녀 관계의 강력한 모델이 되지요.

그래서 이번 장에서는 애착과 관계 중심성에 대해 살펴보려 합니다. 누구에게나 필요한 안정적인 정서적 유대와 그 유대 감각에 대한 상처 경험을 극복해 나가는 것, 그리고 남성에 비해 여성의 심리에서 더 강력하게 나타나는 '관계성'을 우리가 삶에서 어떻게 펼쳐 나가는지 살펴보려 합니다.

내 마음이 온전하지 못하면 사랑도 건강할 수 없다

혜수 씨는 엄마가 세상에 뿜어내는 한숨과 푸념, 아빠를 비롯한 주변 사람들에 대한 부정적 감정들과 피해의식을 고스란히 보면서 자랐다. 그녀에게 엄마는 어떤 식으로든 이해가 되지 않는 존재였다.

"엄마는 항상 사람들에게 무리해서 뭔가를 주고는 배신당했다며 괴로워했어요. 늘 피해의식 속에 살았죠. 만약 그게 사실이라 해도 그럼 다음에는 그렇게 안 하면 되는데 똑같은 실수를 반복했어요. 그러면서 남 탓을 하는 데에 평생을 쓰신 거지요. 지금도 항상 자기만 불쌍하고 남들은 다 나쁘대요. 엄마를 만날 때마다 다른 사람들 욕을 하니 듣고 있기가 정말 힘들었죠."

그중에서도 가장 핵심적인 관계는 엄마가 아빠와 맺는 관계였다. 엄마의 이야기 속에서 아빠를 비롯한 남자들은 항상 가해자였고, 엄마를 비롯한 여자들은 피해자이자 약자였다. 엄마는 다른 사람들이 요구하지 않은 것까지 자기가 알아서 미리 해주고는 뒤

돌아서면 원망하는 불편한 관계를 계속 만들어갔다. 그녀는 이런 엄마의 모습에 넌더리를 내면서도 항상 마음속 한 구석에는 혼란과 두려움으로 괴로워했다. 알 수 없는 죄책감과 책임감에 짓눌리기도 했다.

"지금도 엄마가 아빠를 욕하면 미칠 것 같아요. '내가 너만 아니었으면 네 아빠랑 안 산다'고 하는데 제가 뭘 어떻게 해주길 바라는지 모르겠어요. 그래도 어렵게 마음을 다잡고, '그럼 이렇게 저렇게 해봐'라고 애써서 해결책을 제시해주기도 하는데, 그렇다고 제 말을 듣는 것도 아니에요. 엄마는 그냥 신세한탄이 하고 싶은 거죠."

그녀의 가장 큰 불안과 의혹은 자신이 그런 엄마의 딸이자 또 그런 아빠의 딸이라는 데에서 비롯되었다.

"엄마 얘기를 듣다 보면 내가 엄마 닮았으면 어쩌지? 아빠 닮았으면 어쩌지? 하고 불안해져요. 그런데 어쩔 수 없는 거잖아요. 제가 엄마, 아빠를 닮는 게 당연한 거니까요. 그런데 엄마가 욕한 아빠를 닮은 내 모습도 싫고 아빠를 욕하는 엄마를 닮아가는 것도 싫죠. 게다가 저도 모르게 제 모습에서 엄마가 보일 때면 너무 답답해서 살기가 싫어져요."

그녀는 자기 자신을 부정하는 데에 너무 많은 에너지를 쓰고 있었다. 그러다 보니 당연히 마음이 항상 불안했다. 그녀는 자연히 이런 불안을 함께 해결해주거나 이런 불안으로부터 시선을 돌리게 해줄 누군가를 절박하게 기다렸다. 그렇지만 한편으로는 자신이 그 누구도 사랑할 수 없고 그 누구도 자신을 사랑해주지 않을 것이라고 단정했다. 모순된 소망과 두려움은 그녀의 마음을 어지럽혔고 어떤 관계에도 집중하지 못하도록 만들었다.

홀로 자신을 대면하는 것이 힘들 때 우리는 어지러운 내면의 전쟁을 종식시켜줄 누군가를 간절히 기다린다. 하지만 너무 배가 고플 때에는 나에게 필요한 좋은 음식을 제대로 음미하지 못하는 것처럼, 사랑이 너무 고플 때에는 쉽게 사랑보다 못한 것에 마음을 내주게 된다. 이럴 때 사랑은 어떤 병증처럼 강렬한 경험으로 다가온다.

내가 온전한 상태가 아닐 때 사랑에 빠지는 것은 위험천만한 일이다. 내 마음이 온전하지 않을 때에는 건강한 사랑을 할 수 없다. 강렬한 이끌림과 질투심, 멈출 수 없는 집착과 그와 함께 일어나는 부정적인 감정이 사랑이라는 이름으로 마음을 사로잡기 때문이다. 만약 사랑을 할 때마다 강렬한 감정에 사로잡히는 사람이라면 '나는 그 사람을 어떻게 바라보는가'라는 질문을 하기 전에 '나는 나 자신을 어떻게 바라보는가'라는 질문을 먼저 해볼 필요가 있다.

혜수 씨처럼 부정적인 자아상을 가지고 있고, 그로 인한 부정적인 감정들에 홀로 오랫동안 시달려온 사람들은 사랑을 사랑이 아닌 중독으로 경험하는 경우가 많다. 아프고 나쁜 사랑조차 오롯이 내가 감내해야 할 어떤 것으로 받아들이는 것이다. 스스로에 대한 고민보다는 차라리 관계에 대한 고민을 안겨줄 누군가를 잡고 있는 것이, 관계 속에 있으면서도 외롭고 불안한 것이, 관계에서 벗어나 홀로 자신을 마주해야 하는 상황보다 더 낫다고 느낀다. 사랑 안에서 힘들지만 사랑 밖에서는 더 힘들어질 것을 예상하며 사랑이 아닌 것을 사랑이라 착각한다.

혜수 씨는 너무 절박한 마음이었기에 오히려 누군가를 진심으로 사랑할 수도 없고 누군가의 사랑을 오롯이 받아들이기도 어려웠다. 항상 절박한 마음으로 연애를 했고, 또 그랬기에 더 절박한 외로움과 공허 속에 버려지는 관계를 반복했다. 상처에 흔들릴 때 그녀는 언제나 사랑했던 그 사람 때문에 슬프고 아프게 된 것이라고 생각했지만 사실 그 모든 상처의 시작은 엄마와 관련이 깊었다. 엄마는 자기 사랑의 실패 경험을 딸에게 그대로 투영해 사랑에 대한 왜곡된 인식을 심어주었다. 엄마는 그녀에게 자주 이런 말을 했다.

"관계에 헌신하면 헌신짝이 되어 버려진다."

남자친구와 헤어지고 너무 힘들어서 울고 있는 그녀에게 이런 비난도 했다.

"왜 그렇게 남자 없이 못 살아서 안달이냐!"

그 말은 그 자체로 큰 상처가 되었을 뿐 아니라 역설적이게도 그녀를 더욱더 사랑에 목마른 사람으로 만들었다.

사랑을 하면 할수록
더 깊어지는 불신과 불안

엄마의 부정적인 남녀관은 혜수 씨에게도 큰 영향을 미쳤다. 혜수 씨는 관계에 헌신하면 안 된다는 생각을 하면서도 헌신할 수밖에 없었고, 남자 없이 사는 것이 오히려 나을 수도 있다고 생각하면서도 한편으로는 사랑을 간절하게 원했다. 어느 쪽으로도 마음을 잡을 수가 없었다. 마음속에서 자연스럽게 일어나는 사랑과 애정, 보살핌과 의존에 대한 너무나 당연한 욕구를 부정해야 했기 때문에 사랑을 하면서도 항상 힘들었다. 사랑을 의심하는 모순된 욕망과 두려움 때문에 건강한 사랑을 하기도 힘들었다.

사랑은 그녀가 가장 원하는 것이었지만 그녀를 가장 상처 입히는 감정이기도 했다. 엄마는 자신이 지닌 사랑에 대한 강렬한 양립불가능한 감정과 생각을 그녀를 위한 것이라는 명분 아래 걱정과 근심, 잔소리와 갈등을 통해 그녀의 마음에 새겨놓았다. 그녀는 대학에 입학해 유학생이었던 남자친구를 만나면서 자신의 모든 생활을 내팽개칠 정도로 관계에 모든 것을 걸었다. 하지만 그 남자친구는 출국 하루 전에야 한국을 떠나게 됐다는 얘기를, 그것도 다른 친구를 통해 그녀에게 전했다. 매일 만났으면서도 그 말을 차마 직접 전할 수가 없었다고 변명하는 그에게 그녀는 의존했던 만큼 심한 배신감과 충격을 느꼈다. 사랑의 첫 번째 실패였다. 그녀는 엄마 말이 맞을지도 모르겠다는 생각을 하게 되었다.

'역시 헌신하면 헌신짝이 되는 거였어.'

첫사랑, 첫 연애는 그 후에 우리가 하는 모든 사랑의 복선과 패턴을 형성한다. 그리고 첫사랑의 실패는 우리 모두의 심리에 떠다니는, 언젠가는 넘어서야 할 심리적 미해결 과제가 된다. 그녀의 기억 속에서 외국으로 잠적한 유학생은 그녀가 기억하는 첫사랑이자 첫 남자친구였지만, 사실 우리 모두의 첫사랑은 엄마와 아빠다. 우리는 부모님과의 관계에서 사람과 사람 사이에 흐르는 애정과 보살핌, 소통 방식과 관계 방식이 어떻게 흘러가고 교환되며 또 어떻게 배반되고 반복되는지를 처음으로 배운다. 우리는 이런 과정을 통해 나라는 사람이 어떤 사람인지 알아가며 자아상을 세우고 세상과 연결되는 법을 알아간다.

무의식적 첫사랑이 유아기에 이루어진다면 의식적인 첫사랑은 아동기나 청소년기에 시작된다. 사춘기는 아직 나라는 사람이 제대로 정립되지 않은 시기다. 그래서 현실적이거나 합리적인 사고가 끼어들 틈도 없이 감정과 욕망으로 가득 찬 마음으로 그토록 강렬한 경험을 하게 되는 것이다. 우리 모두는 유아기에 무의식적으로 마주한 대상과 나, 그리고 청소년기에 의식적으로 마주한 대상과 나의 강렬한 상호작용을 통해 설렘과 흥분, 좌절과 상처를 배운다. 그런데 자아상이 불안정한 사람들은 첫사랑, 첫 연애를 하며 다른 사람보다 큰 진통을 겪는다. 그리고 어떤 경우에는 청상년기가 되어서도 진통을 극복하지 못한 채 더 깊은 수렁과 매번 실패한 사랑의 같은 패턴에 갇히기도 한다. 과거의 실패 때문에 지금의 관계에서도 같은 실패의 수렁 속으로 빨려 들어가게 되는 것이다.

혜수 씨는 첫사랑이었던 남자친구를 통해 세상의 거절을 실감했다. 세상이 끝난 것만 같은 깊은 슬픔에 빠져 오랫동안 힘든 시간을 보냈다. 다행히 새 학기가 되어 두 번째 남자친구를 사귀게 되었고, 그의 보살핌을 받으며 언제 그랬냐는 듯 첫사랑에 대한 기억을 잊게 되었다. 하지만 그 남자친구에게는 군대라는 새로운 장애물이 등장했다. 강렬하게 애착하는 대상과의 물리적 이별을 받아들이기 힘들었던 그녀는 이조차 커다란 실패로 받아들였다.

마음이 불안정한 사람은 사랑하는 사람의 물리적 부재를 잘 견디지 못한다. 이것은 사랑이 충분하지 않아서라기보다는 사랑을 감당할 만큼 심리적인 힘이 충분하지 않기 때문이다. 떨어져 있는 시간을 견딜 수 없었던 그녀는 결국 다른 사람을 만났고 그로 인해 관계는 끝이 나고 말았다. 하지만 새로운 사람과도 오래 만나지 못했고 이 관계에 대한 감정을 제대로 정리하지 못한 채 그녀의 사랑 노트에는 자책과 후회, 미련의 감정이 덧씌워졌다.

그 후 그녀는 오랫동안 연애를 하지 못했다. 겉으로는 잘 지내는 것 같았지만 속으로는 너무 우울했고 끝이 보이지 않는 사막을 걷는 것처럼 외롭고 막막했다. 다시 누군가를 만난다면 예전의 잘못을 반복하지 않고 집착 없이 건강한 거리를 유지하며 잘 해보리라 결심도 여러 번 했다. 하지만 6년간의 기다림 끝에 막상 진지하게 만나는 사람이 생기자 그 결심은 금세 무너지고 말았다.

남자친구와 반년을 사귀면서 처음에는 좋았다. 그런데 어느 순간부터 이 관계에 모든 것을 걸 기세로 집착을 했다. 그의 행동 하나하나에 많은 해석과 판단을 내리고 말 한마디에 천당과 지옥을 오락가락했다. 또 그런 자신을 받아들일 수도 없고 있는 그대로 표현할 수도 없는 마음 때문에 감정의 롤러코스터를 타는 것 같았다. 그녀는 언제 어떻게 버림받게 될지 불안했다.

시간이 흐를수록 무시하고 덮어둘 수 없을 만큼 삐걱거리는 부분이 점점 더 많아졌다. 그 과정에서 엄마는 힘들어하는 그녀를 위로해주고 보살펴주기보다는 오히려 소금을 뿌리는 말과 행동을 반복했다. 게다가 20대 초반에만 해도 남자친구가 생길까 봐 경계하며 '남자는 다 늑대'라는 의견을 반복적으로 나열하기 바빴던 엄마는 남자친구가 없을 때는 왜 남자친구도 사귀지 못하냐고 타박하며 그녀를 불안하게 만들었다. 그러더니 이제는 남자친구와의 관계를 힘들어하자 그녀에게 남자들은 믿을 수 없다며 불인과 의혹을 너 그게 무채질하는 말과 행동으로 그녀를 더 힘들게 했다. 그녀는 엄마의 말을 쉽게 무시할 수 없었다. 엄마의 말은 그녀의 의식과 무의식 속에 아주 오랫동안 스며들어 강력하게 작동했기 때문이다. 사랑에 대한 기대와 설렘은 집착과 원망으로 변하기 시작했다. 그리고 이것은 엄마가 아빠에게 평생 해왔던 모습, 그녀가 그토록 싫어했던 엄마의 모습을 그대로 닮아 있었다.

"생각해보면 이번 남자친구도 같은 이유로 헤어진 것 같아요. 제가 너무 집착하니까 질려버린 거죠. 저도 나중에는 좀 심했다는 것을 알게 되기는 했지만, 그 순간에는 참을 수가 없었어요."

이 관계 역시 실패로 끝나면서 그녀는 깨달았다. 지금의 실패가 단지 이 관계의 실패만을 의미하지는 않는다는 것을. 그동안 실패한 연애 관계 속에는 그녀의 모든 심리적 문제와 취약성이 집약되어 있었다. 새로운 사랑과 새로운 역사를 열기 위해서는 자신이 달라져야 한다는 위기의식을 느꼈다. 그러기 위해 일단 엄마의 실패한 사랑이 자신의 사랑에 드리운 짐을 제대로 살피는 것이 필요했다.

공감은 중요하지만 감정의 동일시는 위험하다

혜수 씨는 자기 안에 자리 잡은 많은 사랑에 대한 생각과 불안이 자신의 것이 아닌 본래는 엄마의 것이었다는 것을 점점 깨닫기 시작했다. 아빠의 빈자리와 그에 대한 엄마의 극단적 반응에 자신이 생각보다 큰 영향을 받아왔다는 것을 직시하게 된 것이다.

부모님은 이혼만 하지 않았을 뿐 그녀가 고등학생일 때부터 사실상 별거 중이었다. 그녀가 기억하는 한 이미 그 이전부터 부모님 관계는 불안정했다. 아버지는 그녀의 삶에서 언제나 심리적으로 부재중이었고, 엄마는 이 부재를 어른답게 잘 견디지 못했다.

"중학교 때 엄마가 저랑 사소한 말다툼을 하다가 엉뚱한 얘기를 한 적이 있어요. 제가 사랑으로 태어난 아이가 아니라는 말이었어요."

그렇게 그녀는 엄마와 아빠가 그녀가 생기는 바람에 어쩔 수 없이 결혼했다는 이야기를 듣게 되었다. 그녀는 이것을 비밀로 여졌기 때문에 마음속에 죄책감과 수치심을 키우게 되었다. 비밀은 숨기기 때문에 우리의 마음에 더 큰 짐으로 자리 잡는다. 자신이 사랑으로 태어난 아이가 아니라는 데서 오는 근본적인 수치심은 자신이 사랑받을 만한 사람이 아니라는 불안감에 겹쳐져 그녀를 더욱 괴롭혔다.

언제나 심리적으로든 물리적으로든 부재중인 남편을 기다리면서도 한편으로는 원망하는 엄마를 보며 관계의 공허함을 알게 되었고, 자라는 동안 내내 외롭고 불안했다. 그렇게 아빠(남자)의 부재는 그녀를 아주 어린 시절부터 심리적으로 허기진 아이로 만들었다. 그럴수록 그녀는 관계에 더 의존하고 집착하게 되었다. 사랑의 상처에 더 예민하고 취약했지만 또 그랬기 때문에 상처를 불러오는 행동을 반복하는 모순이 그녀 안에 자리를 잡았던 것이다. 그런데다 이 모든 마음은 본디 그녀의 것이 아니라 그녀의 엄마의 것이었음에도 이별 후 울고 있는 그녀에게 엄마는 세상 누구보다도 더 거칠고 모진 말로 마음에 상처를 주었다.

"왜 남자 없이 못 살아서 그 난리야?"

어쩌면 엄마는 그저 딸이 속상해하니 더 속상한 것일지도 몰랐다. 딸의 아픔을 딸보다 더 크게 느끼기 때문에 아픈 마음을 보듬어주기보다는 울고 있는 딸에게 더 모질게 구는 것인지도, 또 자신이 극복하지 못했고 직시하지 못했던 자기 마음의 공허를 딸의 모습에서 보는 것이 못 견디게 싫은 것인지도 몰랐다. 하지만 딸은 엄마가 자신에게 전가한 감정을 그대로 받아들여 사랑을 무겁고 아프고 힘든 것으로만 이해했다. 가장 원하는 사랑이 그토록 아픈 것이었기에 그녀의 마음에는 커다란 구멍이 뚫려 있었다.

이제 그녀에게는 엄마와 자신이 다르다는 것, 그리고 엄마의 감정과 자신의 감정을 분리해서 살펴보는 연습이 필요했다. 그녀는 원하는 것을 이야기하기보다는 두려워하는 것을 나열하고 확신하기보다는 확인하기를 원했던 자신의 모습을 더 냉정하게 바라볼 필요가 있었다. 사랑을 '상처와 두려움의 렌즈'가 아닌 '소망과 욕구의 렌즈'로 새롭게 바라보는 것이다.

"마음으로는 떠나지 않기를 바라면서 그 마음 때문에 너무 불안해서 시시때때로 '너도 어차피 떠날 거잖아'라며 떠보고 의심했어요. 확신시켜주기를 바라면서 상대의 감정을 통제하려고 한 거죠. 평생 엄마의 그런 모습에 상처를 받았지만, 저도 모르게 엄마처럼 되어 있었던 거예요."

당연히 이런 사람을 사랑하는 사람은 매일매일 자신의 사랑이 시험대에 오르는 것 같다. 긴장하고 불편하고 압박감에 시달리지만 이런 마음조차 자유롭게 표현할 수 없다고 느낀다.

"엄마는 혼자 있는 걸 견디지 못했어요. 전화통이라도 붙잡고 다른 사람에게 아빠 욕을 했는데 저는 그게 정말 지긋지긋했죠. 그러니 아빠는 당연히 집에 오는 게 싫었을 거예요. 예전에는 엄마가 아빠 욕을 하면 엄마가 불쌍한 것 같고 아빠가 원망스럽고 너무 미웠는데 제가 아빠라도 엄마가 지겨웠을 것 같아요. 항상 자기를 죄인 취급하는 사람에게 어떻게 잘할 수 있겠어요? 오죽하면 아빠가 참다못해 집도 차도 다 필요 없고 몸만 빠져나가겠다고 했을까요?"

"그래요. 엄마는 자신이 원하는 것을 그대로 얘기하지 않고 비난하고 원망하는 방식으로 사람을 대하며 피해의식 속에서 사셨어요. 그런데 혜수 씨는 그런 엄마가 불편하면서도 불쌍하다는 생각도 하고, 내가 그런 엄마와 아빠의 불안정한 관계를 어떻게 해줘야 하는 건 아닐까 하는 책임감이나 죄책감 때문에 오히려 더 엄마의 하소연을 들어주기 힘들었을 거예요."

"네, 얘기를 듣다보면 제가 뭔가를 해야만 할 것 같았어요."

많은 딸들이 엄마의 불행을 해결해야 한다는 불가능한 책임감과 그에 수반된 죄책감을 떠안는 경향이 있다. 혜수 씨도 마찬가지였다. 그녀는 과도한 책임감을 느꼈다. 그리고 이런 과한 책임감과 죄책감은 엄마가 딸을 바라볼 때도 나타난다. 서로가 서로를 과하게 동일시하고 서로의 고통과 아픔을 고스란히 실감하기에 엄마는 자신이 아픈 것보다 딸의 아픔을 못 견뎌하고, 딸은 딸대로 엄마의 고통을 담담히 들을 수가 없다. 그리고 책임감 때문에 마음이 무거워진 나머지 서로의 고통과 감정을 그 무게만큼 덜어주지 못한다. 극단적인 경우 상처받아 울고 있는 마음에 오히려 더 큰 상처를 내는 반응을 보이기도 한다. 그 모든 것이 자신의 감정을 자신의 감정으로, 또 타인의 감정을 타인의 감정으로 분리하지 못하기 때문이다.

엄마와 딸의 관계처럼 가깝게 밀착되어 있는 관계일수록 네 감정과 내 감정, 네 욕구와 내 욕구는 서로 뒤섞이고 뒤엉켜 실제보다 과하게 크거나 또 과하게 작게 감지된다. 중요하지 않은 것을 중요한 것처럼, 또 중요한 것을 중요하지 않은 것처럼 지각하게 된다. 가까이 있는 사람일수록 있는 그대로 보는 것이 쉽지 않다. 혜수 씨의 경우에는 그 책임감과 죄책감, 그리고 상황에 대한 왜곡된 해석의 경향이 보다 깊을 수밖에 없었다. 그래서 혜수 씨에게 여러 번 강조했다.

"혜수 씨는 아마도 '너 때문에 아빠와 결혼할 수밖에 없었다'는 말 때문에 무의식적으로 큰 죄책감과 책임감을 느꼈던 것 같아요. 하지만 혜수 씨가 세상에 태어나는 것을 선택한 사람은 엄마였어요. 엄마와 아빠의 관계에 혜수 씨를 끌고 들어간 것은 엄마의 선택이지, 혜수 씨가 뭘 어떻게 한 것은 아니잖아요. 사랑받지 못하는 엄마의 외로운 삶을, 의무로 위장된 아빠의 답답한 삶을 왜 혜수 씨가 책임져야 하나요? 그 분들이 자신의 선택에 대한 책임을 자기 스스로 져야 하는 것이고, 혜수 씨는 혜수 씨 삶에 충실하면 돼요. 엄마는 엄마고 혜수 씨는 혜수 씨예요. 혜수 씨가 선택하지 않은 것까지 책임질 필요는 없어요."

그녀는 '엄마의 선택'이라는 표현을 곱씹으며 한참이나 눈물을 쏟아냈다. 그러고는 한결 가벼운 얼굴로 이야기를 이어나갔다.

"그렇다면 안심이에요. 그 말을 들으니 뭔가 가벼운 느낌이 들어요. 하지만 그래도 앞으로 남자를 잘 만날 수 있을지는 모르겠어요. 진짜 이상한 남자가 많기도 하고, 좋은 남자를 만난다고 해도 제가 다시 집착하게 될 수도 있잖아요. 또 지금이라도 엄마에게 전화가 오면 들어줘야 될 것 같기도 하고요."

"처음부터 잘 되지는 않겠지만 일단 해보지 않았던 것을 해보고 그 뒤에 오는 불편감을 견뎌보는 게 어떨까요? 익숙하지 않아서 낯선 것일 뿐 엄마의 하소연을 무작정 들어주지 않는 것이 혜수 씨가 진정 해보고 싶은 것이라면 점점 익숙해지도록 해야지요. 지금은 자동적인 반응에 대한 새로운 대안 반응을 세워가는 과정일 뿐이니 처음부터 잘 되지 않는다고 절망할 필요는 없어요. '안 되는 것'에 집중하며 지레 겁먹지 말고 '됐으면 좋겠는 것'에 집중하며 스스로에게 시간을 좀 주세요."

그녀가 언제까지나 엄마에게 받은 심리적 유산을 운명처럼 반복하고 그 덫에 빠져 있을 필요는 없었다. 엄마와 아빠의 사랑 실패는 생물학적 유전자에 새겨진 것이 아니라 심리적인 대물림이기 때문이다.

'되새김질의 덫'에서 벗어나기

여성의 우울증에 대한 연구를 해온 수전 놀렌 혹스마Susan Nolen-Hoeksema는 여성들의 관계 지향적이고 관계 헌신적인 특성이 우울증에 취약하게 만든다고 했다. 그러면서 관계 속에서 명확하게 알아낼 수 없는 상대방의 의도를 추적하고자 하는 과도한 집착을 '되새김질의 덫rumination rut'이라고 개념화했다. '관계 지향적'인 것에서 더 나아가 '관계 의존적'인 여성들이 우울증에 취약한 이유는 답을 알 수 없는 상대의 마음에 집착하며 불안정했던 자신의 마음을 더 잃게 된다는 것이다. 혜수 씨도 그랬다. 자꾸만 지나간 과거와 상대의 행동 밑에 담긴 추적할 수 없는 심리를 살피며 과거에 머무는 경향이 있었다. '그가 왜 그랬을까'라는 질문을 스스로에게 던지며 우울해했다.

타인의 불안한 행동을 접할 때 자동적으로 빠지게 되는 일반적인, 그러나 치명적인 행동 방식이 있다면 그것은 타인의 의도를 짐작해내는 데에 집중하는 것이다. 관계 의존적인 특성을 가진 사람일수록 타인이 왜 자신에게 그런 행동을 했는지 파악해내기 위해 집중한다. 이 행동은 습관적이고 중독성이 있다. 하지만 아무리 알려고 해도 타인의 마음을 분명히 아는 것은 불가능에 가깝고, 관계에는 정답이 없기 때문에 관계 속 감정에 집중할수록 타인에게 더 집중하게 되는 악순환을 반복한다.

물론 관계는 상호적이므로 '그가 왜 그랬을까?'라는 질문을 해보는 것이 필요할 때도 있다. 하지만 그것보다 더 중요한 것은 '내가 왜 그랬을까?'를 살피는 것이다. 상대의 말과 행동에 담긴 의도와 진심을 파악하려고 애쓰기 전에 내가 어떤 의도와 진심을 품고 이런 말과 행동을 하게 되는지를 살펴보아야 한다. 이것은 아빠의 말과 행동을 해독하느라 너무 애쓴 나머지 오독을 남발하고 자신의 말과 행동이 가장 가까운 타인을 멀어지게 하고 있는지조차 몰랐던 혜수 씨의 엄마가 자신의 삶을 통해 배우지 못한 것, 그랬기에 딸에게 가르쳐주지 못했던 것이다.

혜수 씨의 엄마는 자기 안의 모순된 관계 지향성 때문에 여자 '혼자'라는 상황에 너무 민감했다. 또 관계에 헌신하는 것을 무조건 부정적으로 인식했다. 하지만 사실 진정한 헌신은 관계 속에 나를 투영하고 관계 속에서 서로가 원하는 것을 펼치는 상호적인 것이어야 한다. '혼자' 있을 수 있어야 '함께' 더 잘 살 수 있고, 상호 헌신할 수 있을 때 관계는 건강하게 유지된다.

관계 의존성과 더불어 그녀가 부딪히게 되는 또 다른 문제는 타인과의 관계가 삶의 중심으로 떠오를수록 그녀 자신은 지워진다는 것이었다. 많은 학자들이 여성의 심리 발달 과정에서 '관계 속에서 자기를 찾는 경향self-in-relation'이 남성보다 더 강하다는 것을 이야기했다. 그리고 이런 면은 여성에게 득이 되기도 하지만 독이 되기도 한다. 타인에 대한 민감성을 넘어 과민성으로 발전하고, 관계 속에서 자기를 찾게 되기보다는 오히려 관계 속에서 자기를 잃는 불상사가 나타나기 때문이다.

어떤 딸들의 이야기를 가만히 들어보면 모든 문장의 주어가 '엄마'인 경우가 있다. 이것은 단순히 딸이 엄마에게 의존적이라는 사실만을 보여주는 것은 아니다. 언어는 우리의 심리를 표현하기도 하지만, 또 우리의 심리를 구성하기도 한다. '엄마가, 엄마는'이라는 주어가 문장의 맨 앞에 위치한다는 것은 엄마의 말과 행동, 취향과 의지, 계획을 의식하는 심리적 상태를 유지해나갈 수밖에 없음을 보여준다.

그렇게 주어의 자리에 자신을 놓아본 경험도 없이 자란 딸들은 아주 자연스럽게 '엄마'가 있던 자리를 자신이 만나는 수많은 '타인'으로 교체한다. 그리고 가장 강력하게는 '그 남자'로 가득 채운다. 이렇게 주어가 '그 남자'가 되면 그의 작은 행동에 기쁨과 행복, 희열을 느끼기도 쉽지만, 반대로 절망과 슬픔, 분노를 느끼기도 쉬워진다. 마음의 중심이 무너지고 상대의 일거수일투족에 흔들리고 해일을 마주한 듯 함몰되며 일희일비하고 마는 것이다.

사랑은 '나'를 주어로 굳건히 세운 사람들에게마저 '그(녀)'를 주어로 세우고 싶은 마음의 충동을 불러일으키는 엄청난 사건이기에 어떤 면에서는 심리적으로 우리를 취약하게 만들기도 한다. 우리가 이별 후 다시 혼자 서는 것을 유독 힘들어하는 이유는 이미 그 관계에서 주어 상실, 주어 붕괴를 경험했기 때문이다.

만남과 이별을 잘해나가고 엄마로부터 독립하기 위해서는 '그(녀)'나 '엄마'에게 내주었던 주어 자리를 되찾고 그들에게는 제대로 된 위치 설정을 해주는 것이 필요하다. 관계 중심성을 넘어 관계 의존적인 딸들이 사랑이라는 이름으로 자기를 잃지 않기 위해, 또 사랑이라는 이름을 너무 두려워하지 않기 위해서는 건강한 자기중심성을 관계 위에 펼쳐가는 것을 연습할 필요가 있다. 이를 통해 그녀는 엄마에게 마음으로 말할 수 있어야 한다.

"엄마, 엄마의 힘겨웠던 삶을 안타깝게 생각해요. 하지만 내 삶과 내 감정의 해결 방법을 찾아가는 것이 내 몫이듯, 엄마의 삶과 감정을 더 잘 해결해나갈 방법을 찾는 것은 엄마의 몫이에요. 난 이제 엄마가 미리 그려놓은 두렵고 불편한 사랑의 그림을 지워버리고, '나'만의 그림을 다시 그릴 거예요. 내 삶이고 내 사랑이니까요."

헤이즌과 셰이버Hazen & Shaver는 성인이 된 남녀가 만나 데이트를 하고 낭만적 관계를 이루어가는 모습을 애착의 관점에서 살펴 보았다. 어린 시절 애착 유형이 안정형, 불안형, 회피형, 혼란형으로 나뉘듯 성인의 애착 유형 역시 그와 비슷하게 안정형, 회피형, 불안/양가형으로 나눌 수 있다고 보았던 것이다.

내가 사랑에 대해 어떤 관념을 품고 있고 어떤 유형인지를 아는 것도 중요하지만, 이를 고정적인 것으로 볼 것인지 변화 가능한 것으로 볼 것인지를 아는 것도 중요하다. 어린 시절 애착 유형이 결정적인 영향을 미치는 것은 어쩔 수 없는 일이라 해도 그 애착 유형에 따라 사랑까지 결정되는 것은 아니기 때문이다.

애착 이론의 틀에서는 불안정 애착 유형의 패턴 깨기를 위해 두 가지 기준을 중요하게 제시한다. 그것은 바로 '일관성'과 '가용성'이다. 일관성이 한결같은 마음을 뜻한다면, 가용성은 필요한 순간 옆에 있어주고자 하는 마음을 뜻한다. 그러므로 나의 불안정한 애착 패턴을 뒤집고 싶다면 그런 사람을 만나고 또 누군가에게 그런 사람이 되어주어야 한다. 그러면 어린 시절 애착이 불안정하게 이루어졌다 해도, 엄마의 왜곡된 관념을 함께해온 시간이 아무리 길다 해도 앞으로 좋은 관계를 만들어나갈 수 있다. 왜냐하면 사랑이라는 것은 애초부터 완전하고 안정적인 두 사람이 만든 결과물이 아니라 불완전하고 불안정한 두 사람이 함께 만들어가는 과정이기 때문이다.

더 들여다보기

엄마로부터의 심리적 대물림을 끊기 위해 기억해야 할 5가지

첫째, 내 삶은 내가 선택할 수 있다

딸들이 꼭 엄마처럼 살아야 하는 것은 아니다. 엄마에게서 받고 싶지 않은 것을 분명하게 알고 있는 한 스스로 선택할 수 있다.

둘째, 각자가 풀어야 할 삶의 과제는 따로 있다

딸이라고 해서 엄마의 공허감까지 책임져야 하는 것은 아니다. 엄마의 감정은 엄마의 것이고, 다른 누구도 아닌 엄마가 해결해야 할 문제다.

셋째, 타인의 감정을 차단할 마음의 반사판이 필요하다

중요한 대상에 대해, 강렬한 감정에 대해 우리는 쉽게 투사한다. 엄마의 감정이나 생각 투사에 대비한 마음의 반사판도 필요하다. 엄마의 말이 나를 향한, 나에 대한 말이 아니라 엄마 자신을 향한, 엄마 자신에 대한 말일 때 그 말들은 걸러서 들을 필요가 있다.

넷째, 상처가 아닌 자신의 소망에 집중해야 한다

사람과의 관계에서 내가 겪지도 않은 상처에 미리 겁을 내기보다는 내가 사람과의 관계에서 원하는 것에 집중해야 좋은 관계를 맺을 수 있다.

다섯째, 나 중심성과 관계 중심성 사이의 균형감을 길러야 한다

관계에서 중심을 잃지 않기 위해 조심해야 할 감정은 책임감과 죄책감이다. 엄마가 다른 사람에게 뭔가를 해주고 원망하는 것이 이타적이어서 그런 것이 아닌 것처럼, 내가 엄마의 말이나 감정을 들어주기 힘든 것 역시 내가 이기적이어서가 아니다.

Chapter 07

상처받지 않으려 애쓰는 마음이 더 깊은 상처를 가져옵니다

내 마음의 소리

"어릴 때 상처받던 방식 그대로 여전히 나는 상처받고 있어요."

엄마가 준 상처는 우리가 반복적으로 마주하는 많은 이야기 속에 깔린 전주곡이 되고 또 우리가 맺는 대부분의 관계에서 복선이 됩니다. 우리는 처음 보는 낯선 얼굴에서도 엄마가 우리에게 지운 상처를 익숙하게 감지하지요. 그러니 가장 낯선 사람에게서 가장 익숙한 감정을 느낄 때 우리는 멈춰 서서 자문할 필요가 있습니다. '과연 이 감정이 지금 내 앞에 있는 사람에 대한 것인가, 아니면 이 사람은 단지 계기일 뿐인가?'

이렇게 자문을 해보면 많은 경우에 지금의 상황은 본래 내 안에 있는 어떤 감정을 불러일으키는 계기일 뿐 근본 원인은 다른 곳에 있을 수도 있다는 것을 깨닫게 됩니다. 물이 가득 찬 컵에 한 방울의 물만 떨어뜨려도 흘러넘치는 것처럼 머금을 새도 없이 자동 반응하게 되는 감정에 대해서는 이미 들어 차 있는 감정의 색조와 농도, 욕구와 결핍을 파악해야 합니다. 이것이 애초에 누구를 향한 어떤 감정이었는지를 찾아볼 필요가 있지요. 대개 그 감정의 대상은 엄마였을 가능성이 큽니다. 그것도 지금의 엄마가 아닌 과거의 엄마에 대한 반응입니다.

과거에 해결되지 못한 상처 감각 때문에 현재 관계에서 상처를 반복하는 것을 '반복 강박'이라 합니다. 내 안에 뿌리 깊게 자리 잡은 상처를 이해하고 더 나은 관계 맺기를 위해서는 내가 어떤 관계 패턴을 반복하고 있으며, 해결하고 싶은 상처는 어떤 것인지를 살펴볼 필요가 있습니다.

"나는 아무것도 받지 못했어요."

: 결핍을 강하게 인식하는 관계 패턴

나래 씨는 이런저런 요구가 많고 무척 까다로운 내담자였다. 그녀는 본래 1시간 남짓한 상담 시간을 2시간으로 늘려 달라, 상담 중 눈 마주침이 부담되니 마주보며 앉지 않겠다, 상담실이 너무 덥거나 춥다, 의자가 딱딱하니 쿠션을 준비해 달라는 요구를 했다. 심지어 상담 약속을 했다가 갑자기 취소하기도 하고, 상담료가 부담되니 깎아 달라는 요청을 하기도 했다.

사소한 행동이라도 상담실 안에서 보이는 모습은 상담실 밖에서의 모습을 짐작할 수 있게 한다. 나래 씨는 자신에게만 재단된 맞춤형을 찾기 위해 끊임없이 노력하는 사람이었다. 그녀가 다른 사람들과는 어떻게 관계를 맺을지 짐작이 갔다.

그녀는 사람들이 자신을 이상하거나 유별나게 본다는 것을 알고 있었다. 그리고 자기 행동이 자신의 마음속 응어리와 연결되어 있다는 것도 어느 정도 인지하고 있었다. 그런 인지가 아주 없다면 남이 나를 어떻게 보든 무조건 타인들만 탓하며 오히려 조금 더 마음이 편했을지 모른다. 하지만 항의하고 요구하며 불만을 표출하면서도 그녀는 본인이 뭔가 잘못하고 있다는 생각에 혼란스러웠고, 그러면서도 요구하고 싶은 충동을 이기지 못해서 괴로웠다. 게다가 다른 사람이 자신의 요구를 거절하거나 비판하면 공격으로 받아들여 화를 냄으로써 갈등을 겪는 힘든 대인 관계 패턴을 반복했다.

자신이 어떤 대접을 받기를 원하는지에 대한 끊임없는 미세조정의 과정이 어떤 의미를 갖는지에 대한 이야기를 오랫동안 나누었다. 그리고 그녀는 결국 이 모든 것이 기본적으로 '나는 못 받았다'는 인식 아래 이루어지고 있다는 것을 분명히 알게 되었다. 그리고 이런 결핍은 엄마와의 관계에서 자신만을 위해 조율되지 않았던 보살핌의 문제로 귀결된다는 사실도 알게 되었다.

'더 달라, 나는 못 받았다. 그러니 더 받아야 한다'는 감각은 자기만의 욕구와 취향, 개성을 가진 한 사람으로서 존중받지 못했던 어린 시절의 결핍 감각을 보상하려는 시도로 뒤늦게 이루어지는 자기 나름의 내면과 외면의 균형 세우기였다.

"엄마가 저를 불공평하게 대해서가 아니라 너무 완벽하게 공평하게 대해서 문제였던 것 같아요. 저는 공평한 게 상처였어요. 남동생은 천방지축이어서 속을 많이 썩였는데도 엄마는 언제나 냉정하고 합리적인 기계처럼 공평했어요. 하지만 공평하다는 것에 대해서는 문제 제기를 하기 어렵잖아요."

말하자면 그녀는 너무 공평해서 불공평하다고 느꼈던 것이다. 그녀는 편애 같은 특별대우를 원한 것이 아니라 본인이 한 만큼은 칭찬을 받고 자신에게 맞춰 다른 방식으로 사랑을 표현해주는 엄마를 원했다. 엄마에게 받지 못한 사랑은 기대에 미치지 못하는 데서 오는 실망감과 아무리 두드려도 열리지 않는 문 앞에 서 있는 것 같은 무력감, 당연히 받아야 할 사랑을 받지 못했다는 분노 등이 결국 상처로 남았다. 그리고 그녀는 이런 마음의 결핍을 불특정 다수의 사람들로부터 보상받으려 했다. 하지만 그녀가 만나는 사람들은 그녀의 엄마가 아닐 뿐만 아니라 그녀가 요구하는 사랑이 어떤 의미인지도 알지 못했다. 그래서 그들에게 그녀는 기껏해야 만족시키기 어려운 까다로운 고객, 불평 많은 친구일 뿐이었다.

그런데다가 그녀도 자신의 욕구와 다투고 있다 보니 자신이 원하는 것을 분명하게 이야기하기보다는 상대가 알아서 짐작해주기를 바라는 경우가 많았다. 객관적으로 공평한 대우를 받고도 완전히 만족하지 못한 적도 많았다. 사소한 불공평에 오래 분노했고 당연한 공평에 쉽게 마음이 상했다. '정의'와 '권리'가 침해될 가능성에 민감해서 혹시라도 불공평한 대접을 받을까 봐 늘 노심초사했고, 불공평한 상황을 바로잡는 데에 너무 많은 물리적·감정적인 에너지를 써서 항상 기진맥진했다.

"이제 와서 엄마에게 못 받은 걸 더 달라고 할 수도 없잖아요. 다시 과거로 돌아갈 수도 없는데 어떻게 해야 하죠?"

"어린 시절을 생각하면 어떤 마음이 들어요?"

"화가 나요. 왜 엄마는 그럴 수밖에 없었을까? 왜 엄마는?"

"엄마에게 화가 나는 것 말고 어린 시절의 나를 생각하면 어떤 마음이 드나요?"

"음…… 슬퍼요. 안됐다, 정말 안됐다. 원하는 걸 말도 못하고 참 안쓰럽다."

슬픔은 그녀가 처음으로 마주하는, 하지만 그녀의 마음속에 언제나 묻혀 있던 감정이었다. 이야기를 나누며 그녀는 자신의 어린 시절에 대해 분노할 것이 아니라 슬퍼해야 한다는 것, 섣불리 불평하기보다는 침착하게 요구해야 한다는 것, 자신만을 위한 공평한 요구가 다른 사람들에게는 오히려 불공평한 특별대우로 인식될 수밖에 없다는 것, 자신의 욕구와 감각에 기초해서 무언가를 원할 수는 있지만 누군가가 그것을 꼭 들어주어야 하는 것은 아니라는 것 등을 차근차근 알게 되었다. 전에도 몰랐던 것은 아니지만 그 뿌리가 엄마와의 관계 속에서 느꼈던 '못 받았다'는 인식과 관련 있다는 것을 더 분명하게 깨닫고 나니 다른 사람을 향한 분노가 점차 수그러들었다. 진짜 대상에 대한 진짜 감정을 충분히 느낀 후에야 가질 수 있는 마음의 평화였다.

"왜 내게 사과하지 않나요?"

· 피해의식을 쉽게 느끼는 관계 패턴

"사과하세요."

직장 생활 4년 차인 혜윤 씨는 대인 관계에서 많이 힘들어했다. 그래도 지난 4년간 직장을 옮기지 않고 한곳에서 계속 일을 해온 이유는 그곳이 온정적이고 소규모라 자신의 예민함을 잘 받아주는 편이기 때문이라고 했다. 직장 내에서뿐만 아니라 학창 시절에도 내내 대인 관계에 어려움을 겪었기 때문에 그녀에게는 좋은 직장의 우선순위에 '스트레스 적은 관계'가 가장 위에 놓여 있었다. 그런데 최근 상사가 바뀌면서 그녀는 이직을 생각하게 됐다. 상사의 행동과 말에 상처받을 때가 많았기 때문이다. 그녀는 상사가 자신에게 사과해야 한다며 울분을 터뜨렸다. 이런 이야기를 나누다 보니 그녀가 사람들과의 관계에서 대체로 자신을 피해자 위치에 놓는다는 것을 알게 되었다.

그녀는 객관적으로 봤을 때 상대가 피해를 주지 않았거나 의도하지 않고 한 행동에도 쉽게 상처를 받았다. 새로운 상사와의 관계만 봐도 상사의 무심한 농담에 혼자 상처를 받고는 상대방은 사과하지 않는다며 문제를 크게 생각하는 것 같았다. 격앙된 그녀의 마음이 진정되기를 기다려 다음과 같이 말했다.

"혜윤 씨에게서는 '진짜 피해'와 '피해의식' 사이를 나누는 것이 중요하게 느껴져요. 피해를 받은 것은 사실이지만 피해에 민감한 면이 있다는 것도 사실이거든요. 상사가 그런 농담을 함으로써 혜윤 씨에게 심리적 피해를 준 것은 사실이지만 얼마나 큰 의도가 있었는지는 그 사람만 아는 일(아니면 그 사람조차 인식하지 못할 수도 있지요.)이 아닐까요? 그런데 혜윤 씨는 그 사람에게는 분명한 의도가 있었다고 스스로 판단했고, 그 확신 때문에 더 화가 나고 견딜 수 없는 일이 되는 것 같아요."

"그래요. 복수하고 싶어요. 저는 이렇게 잠도 못 자고 속 쓰린 시간을 보내는데, 그 사람은 웃고 떠들며 잘 지내는 걸 보면 되갚아주고 싶어요. 그리고 나에게 이렇게 상처를 줬다는 걸 알게 해주고도 싶고요."

"처음부터 복수하고 싶다는 생각을 하지는 않았겠지요. 좌절하고 상처받은 끝에 도달한 마음의 지점일 것이고, 마음이 거기에 가기까지 많은 노력과 갈등이 계속되었겠지요. 하지만 잘 생각해 보세요. 복수하고 싶다는 그 마음이 진심이세요? 복수를 함으로써 상대에게 상처를 입힐 수도 있지만 그 과정에서 혜윤 씨 역시 상처 입게 되잖아요. 그것이 정말로 혜윤 씨가 원하는 것일까요?

혜윤 씨가 진심으로 원하는 것이 무엇일까요?"

"저는 사과받기를 원해요. 피해를 입었으니까 당연한 것 아닐까요?"

"그렇더라도 지금 이 감정의 정도가 격하다는 것, 크게 흔들리고 있다는 것에 대해서는 동의하나요? 이 정도 피해를 입었으니 이 정도 감정을 느껴야 한다는 어떤 절대적인 기준이 있는 것은 아니지만, 더 큰 피해를 당했을 때도 이렇게까지 감정이 격앙되는 모습을 보이지 않기도 했거든요. 어쩌면 유독 그 부장의 말이 혜윤 씨에게 상처를 입힌다는 감각을 가지게 된 데는 다른 이유가 있지 않을까요?"

자동적으로 강하게 나타나는 감정적인 반응은 언제나 어떤 마음속 미해결 과제를 자극하는 신호가 된다. 내가 어떤 사람의 특정한 행동에 다른 때보다 더 크게 반응한다면 그것은 대부분 상대방의 행동이 진짜 이유가 아닐 가능성이 크다. 대부분은 그런 행동이 내 안의 무엇인가를 자극하는 계기가 되었을 것이다. 강한 감정일수록 과거의 상처를 건드렸기에 그토록 순식간에 발끈하게 하고, 앞뒤 돌아볼 여유 없이 돌진하게 하고, 돌아서서 내가 왜 그랬을까 후회하게 되는 것인지도 모른다.

"아, 완전히 생각도 못 하고 있었어요! 부장님 말투가 엄마랑 비슷하네요! 제가 뭔가를 하려고 할 때마다 비꼬며 얘기하는 엄마의 말투, 저를 완전히 깔아뭉개는 것 같은 말투!"

부장에 대한 그녀의 복수심은 원인이 그것이었다. 부장의 말투 속에서 엄마의 말이 오버랩되었고, 엄마에 대한 오랜 의혹이 '의도를 가지고 나를 깔아뭉갰다'는 해석을 불러왔다. 그리고 그녀가 엄마에게 간절히 원했지만 무참히 좌절되었던 바로 그것이 '사과'였기에 그토록 부장의 사과를 원했던 것이다. 물론 부장의 말투가 객관적으로도 기분 나쁠 수 있고, 사과를 받으면 그녀의 마음이 조금 더 풀릴 수 있는 것도 사실이었다. 하지만 지금 그녀가 느끼는 분노의 진짜 대상, 진짜 의혹, 진짜 욕구는 엄마를 향한 것이었다. 그날 상담을 마치고 그녀가 말했다.

"결국 제가 원하는 건 복수가 아니라 사과를 받는 것이고, 그것도 부장님이 아니라 엄마에게 받고 싶은 거였네요. 하마터면 큰일 날 뻔했어요. 부장님께 당장 달려가서 사과하라고 했다면 명분 없이 들이받는 꼴이었을 테니까요. 생각해보면 제가 이렇게 무작정 사과를 받거나 복수하기 위해 들이받았다가 나중에 도리어 제가 사과를 해야 하는 상황이 여러 번 있었어요."

그녀는 결국 부장에게 항의를 하지 않기로 했는데, 그랬더니 사람들이 먼저 그녀의 마음을 알아주었다. 그 후에는 부장이 하는 실없는 농담에도 담담하고 차분하게 대처할 수 있었다. 다른 반응을 하는 것이 가능하다는 것을 안 뒤 그녀는 내면에서 일어나는 격한 자동 반응에 대해서는 일단 '정지' 신호를 보내는 상상을 한 다음에 감정을 가라앉히고 대상과 상황, 자신의 욕구에 대해 판단이 설 때까지 기다려보는 연습을 했다.

'내가 지금 느끼는 이 감정은 누구에게 어떤 것을 원하기에 느끼는 걸까?'

감정을 무시하는 것이 아니라 감정이 보내는 신호를 정확히 살피기 위해서였다. 내가 느끼는 감정이 어떤 뿌리를 가지고 어떤 욕구 아래 일어나는지를 살피는 것은 중요하다. 내가 이 감정을 충동적으로 표출하는 것은 언제나 나에게 또 다른 상처가 되어 돌아온다. 감정의 신호를 잘 수신하고 이 감정이 보여주는 내 안의 좌절된 욕구를 단순히 '표출'하는 것이 아니라 잘 '표현'하는 방법을 찾는 일은 중요하다. 그러니 타인의 어떤 행동이나 모습이 내 안에 격앙된 반응을 불러일으킨다면 먼저 '효율성'을 따지는 것이 필요하다. 그 같은 반응이 내가 원하는 것을 얻는 데에 도움이 되는지를 따져보는 것이다.

"결국에는 너도 날 떠날 거잖아."

: 불안을 크게 느끼는 관계 패턴

우연 씨는 남자친구와의 '파괴적인 관계'를 끊고 싶다며 찾아왔다. 그녀는 가까워지면 크게 의존하고 집착했다가 어느 순간 충동적으로 헤어지자고 말해버리고는 다시 의존하고 집착하는 패턴에 대해 이야기했다.

그녀는 관계 속에서 크게 불안을 느꼈다. 그리고 그 불안이 극대화되면 '헤어지자'는 말을 충동적으로 내뱉었다. 하지만 "헤어져!"라는 말은 진심에서 나온 말이 아니었다. 그녀가 진심으로 하고 싶은 말은 "헤어지지 말았으면 좋겠는데 헤어질까 봐 두려우니 날 좀 붙잡아줘"였다. 하지만 그녀는 언제나 자신의 욕구를 반어적으로 표현했기에 관계를 오래 지속하기는커녕 안정적으로 맺어 나갈 수가 없었다. 또 이런 관계 패턴이 쌓일수록 그녀의 마음속 관계에 대한 상처와 갈망과 실망과 혼란은 점점 더 커졌다.

이렇게 서툴고 파괴적인 관계 패턴은 엄마와의 관계에 그 뿌리를 두고 있었다. 엄마는 그녀가 한창 엄마를 필요로 하는 시기에 아무런 설명도 없이 떠났다가 사춘기 시기에 또 설명 없이 되돌아왔다. 따라서 그녀 마음속의 엄마는 언제나 불안정하고 불안한 존재일 수밖에 없었다. 그녀는 엄마가 돌아와서 안도하는 한편으로 끊임없이 확인하고 의심하고 불안해했다.

"엄마는 날 떠났잖아. 언제 또 떠날지 몰라."

처음에 엄마는 미안하다고 했다. 하지만 엄마가 떠난 빈자리를 감당할 수 없어 울고 있던 그녀 내면의 아이 마음까지 완전히 다 독여줄 수는 없었다. 그녀는 맥락도 없이 엄마에게 반복적으로 짜증내고 화내고 비난했다. 결국 그런 모습을 받아주기 힘들어진 엄마는 다른 반응을 보이기 시작했다.

"미안하다고 했잖아. 내가 언제까지 죄인으로 살아야 해?"

그러면 그녀는 서운함과 실망감으로 더 힘들어했다.

남자친구와의 관계에서도 패턴은 반복되었다. 모든 갈등과 싸움 끝에 그녀가 항상 하는 말은 단 한마디로 귀결되었다.

"결국 너도 나를 떠날 거잖아."

자꾸만 '너도'라는 단서를 붙이게 되는 그녀의 개인적이고 절절한 상처는 그녀의 사랑을 방해하고 자꾸만 의혹과 불안의 그림자를 드리웠다. 그녀의 냉소적이고 단언적인 말 속에 담긴 진짜 마음은 이런 것이었다.

'내 생애에서 절대 떠나지 말아야 했던 단 한 사람이 나를 떠날 수 있다는 것을 나는 이미 알아버렸어. 그러니까 너 역시 떠나지 않을 거라고 믿기보다는 언젠가는 떠날 거라고 믿을 수밖에 없어. 그러니 나에게 확신을 줘. 네가 떠날까 봐 두려워.'

그녀에게는 더 큰 확신과 약속이 필요했다. 하지만 남자친구가 그녀의 진심을 해석해내기는 쉽지 않고, 반복적인 이별 통보는 그에게도 상처가 되어 이 사랑을 버텨내기도 쉽지 않다.

"너도 떠날 거잖아"라는 말은 '너도 떠날 거니?'를 확인하는 질문이자 '떠나지 말아줘'라는 염원을 담고 있다. 하지만 단정과 비난, 원망이 섞인 이런 말을 반복적으로 듣다 보면 처음에는 방어하고 애원하며 확신을 심어주고 싶은 마음이 들지만, 결국에는 그런 마음조차 사라지고 만다. 결국 "너도 떠날 거잖아"라는 말은 "그래, 나도 떠날게"를 불러올 수밖에 없고, 이로 인한 관계의 실패는 그녀의 마음속에 '역시 거짓말이었어'라는 씁쓸한 확인만 남길 뿐이다. 하지만 그런 씁쓸한 확인이야말로 사실은 그녀가 결코 마주하고 싶지 않은 상처 감각이다.

한번 상처를 경험한 그녀는 그때 너무 아팠다는 이유로 지금 또 그 아픈 상처를 경험하게 된다. 피하고 싶어 너무 애쓰다가 결국 자신이 그 상처를 불러온 장본인이 된다. 지나친 확인과 의심, 불안의 감각을 다스리지 못해 원하는 사랑의 감각으로부터 멀어지는 관계의 비극과 악순환을 그녀는 과거에 맺은 관계에서 아프게 경험했다는 이유로 지금 그녀가 맺는 관계 속에서도 반복한다.

자신이 진심으로 하고 싶은 말은 "떠나지 말아줘"라는 것을 알게 된 우연 씨는 남자친구와의 관계를 조금씩 회복하는 모습을 보였지만, 여전히 자존심이 상하는 건지 뭔지 알 수 없는 어떤 감정 때문에 사랑을 표현하기는 어렵다고 했다. 결국 너무 늦기 전에 현재 관계 속에서 계속되는 악순환을 끊기 위해서는 과거 엄마와의 관계 속에서 얻은 상처와 관계에 대한 왜곡된 관념들을 바로 세울 필요가 있었다. 그래서 엄마도 상담실로 초대해 이야기를 나누기로 했다. 그러면서 예전에 하고 싶었지만 하지 못했던 그 말, "엄마가 날 떠났을 때 난 외롭고 불안하고 힘들었어. 다시는 엄마가 떠나지 말았으면 좋겠어"라는 진심을 전하기로 했다.

우선 엄마를 따로 만나 딸에게 진심으로 하고 싶은 말은 무엇인지를 물었다.

"버린 것이 아니라 함께 살기 위한 기반을 마련하기 위해서였다는 얘기를 해주고 싶었어요."

"그 얘기를 딸에게 해보셨나요?"

"아니요. 설명한다고 알아주겠어요? 이미 너무 많은 상처를 받아서 변명으로밖에 들리지 않았을 거예요. 저는 제대로 엄마 역할을 해준 적이 없거든요. 이제 와서 지난 얘기를 한들 무슨 소용이겠어요. 또 상처줄까 봐 두려워서 그냥 아무 말 안 해요."

"오해를 바로잡는 데 늦을 때란 없어요. 버림받았다고 생각하고 있으니 얼마나 외롭고 깊은 상처 속에 있겠어요? 거기서 꺼내주려면 함께 살기 위해 노력했는데 그 시간이 길어질 수밖에 없었던 과정 하나하나를 얘기해주셔야 해요. 그러면 충분히 이해할 수 있어요. 아이들은 상처받았다고 분노하고 표효하지만 진심으로 사과하면 받아줘요. 그래도 엄마니까요. 세상 누구라도 자신이 엄마에게 사랑받았다는 사실을 간직하고 싶어해요. 그걸 표현해 주시면 돼요. 중요한 것은 '혼자' 자책하는 게 아니라 오히려 그런 감정을 딸과 연결되는 데 써야 한다는 거예요. 지금은 오히려 미안한 마음에 딸을 고립시키고 있으니까요. 상처를 두려워하거나 외면하지 말고 제대로 사과하고 마음을 어루만져줘야 해요."

이런 과정을 거치며 엄마는 더 진심을 담아 미안한 마음을 전할 수 있었고, 딸은 마음속에 묻어 두었던 자신의 상처를 더 많이 드러내고 표현하기 시작했다. 상처로 고립되는 것이 아니라 상처로 연결되는 새로운 관계 맺기를 해나갈 수 있었던 것이다.

사랑이라는 감정에 대해 사람들 이야기를 듣다 보면, 사랑이 있는 곳에 언제나 상처가 있고, 또 상처가 있는 곳에 사랑이 함께한다는 사실을 알게 된다. 사랑과 상처는 떼려야 뗄 수 없는 관계인 것이다. 그래서 우리에게는 상처에 대한 의연한 태도와 상처가 있음에도 사랑을 한 번 더 믿어보는 용기가 필요하다.

상처를 반복하려는 충동, '반복 강박'이 일어나는 이유

프로이트는 상처가 주는 고통스러운 상황을 반복하려는 무의식적인 충동을 '반복 강박'이라고 했다. 반복 강박을 멈추기 위해서는 무엇보다 왜 그런 패턴을 반복하는지, 반복 강박 밑에 숨은 진심을 이해하는 것이 중요하다.

상처는 관성의 힘을 가지고 있다

반복 강박은 상처가 지닌 관성의 힘과 관련이 있다. 상처는 강력한 자국(홈)을 남긴다. 내 마음속의 상처 홈은 관계 속에서 무시하기 힘든 구덩이 혹은 자석 같은 역할을 한다. 우리는 어떤 방식으로든 그 마음의 상처 홈에 일치하는 사람들을 만나 강력하게 결속되거나 그렇지 않은 사람을 만날 때조차 내 마음속 홈에 맞추려고 유도한다. 이런 관계 역동은 의식적인 것이 아니기에 자신도 모르는 사이에 상처가 우리에게 요구한 방식으로 경직되고 굽어지게 된다.

누구나 상처를 치유하고 싶은 욕구를 가지고 있다

내면에 상처 입은 아이의 마음을 품은 채 어른이 된 우리는 새로운 관계 맺기를 소망한다. 하지만 여기에는 역설이 있다. 많은 경우 상처를 입혔던 관계 패턴을 반복하면서 바로 그 관계 패턴에서 벗어나기 위한 치유와 구원을 기다리기 때문이다.

반복 강박을 제대로 들여다보고 이해해야 하는 진정한 이유는 바로 이 두 번째에 담겨 있다. 상처의 재현이 아닌 변화와 치유를 위해서는 아픈 상처의 드라마, 상처의 관계 패턴을 제대로 인식하고 그것을 바탕으로 새로운 패턴을 만들어야 한다. 이때는 건강한 타인, 조력자도 필요하다. 우리의 행동과 말도 안 되는 고집 속에 담긴 상처투성이 관계 패턴을 이해하고, 변화하기 어려운 마음도 공감해주고, 변화하고자 하는 마음을 지지해줄 누군가와의 만남, 그 만남을 변곡점 삼아 새로운 관계 패턴을 만들어낼 수 있다.

Chapter 08

우리에게는 타인의 기대를 거절할 권리가 있습니다

내 마음의 소리

"착한 딸, 착한 아내, 착한 며느리……
정말 숨 막혀요!"

어렸을 때 주로 어떤 칭찬을 받았나요? 그리고 그 칭찬이 지금 모습에 어떤 영향을 미쳤나요? 칭찬은 좋은 것이지만 반드시 좋은 영향만을 주지는 않습니다. 특히 어린 시절 어른들로부터 받았던 칭찬은 아이의 마음을 한쪽으로 기울게 하거나 자신의 마음을 펼치기 어렵게 만들기도 합니다.

키우기 쉬운 아이, 손이 별로 안 가는 아이라는 칭찬을 들으며 자란 아이들 가운데 상당수가 성인이 되어 이런저런 마음의 어려움에 부딪히는 경우가 많습니다. 상담을 하다 보면 아이일 때 어른의 칭찬을 받고 자란 사람은 너무 빨리 어른이 되기를 요구받은 것을 보게 됩니다. 그리고 이렇게 강요된 '어른스러움'이 또다른 칭찬으로써 강화될 때 그 모습은 자주 마음의 병으로 자리 잡게 됩니다.

이런 사람들은 시선을 의식하느라 성인이 되어서도 진정한 독립을 이루기 어렵고 뒤늦게 사춘기를 경험하게 될 가능성이 큽니다. 일찍 철이 든다는 것은 자신의 마음을 오히려 제대로 자라지 못하게 합니다. 착한 딸들은 아이일 때는 어른스러움을 연기하며 타인의 마음을 먼저 배려해야 하는 어른아이가 되고, 어른이 되어서는 자신의 진짜 마음을 표현하지 못했던 어린 시절의 나를 마주하며 당황하고 혼란스러워하는 것이지요. 엄마의 착한 딸들은 이런 마음의 불일치 때문에 괴로워합니다.

어른아이든, 애어른이든 불일치는 우리를 힘들게 합니다. 우리 모두에게는 그 어떤 것도 의식하지 않고 나답게 생각하고 표현하며 살아보는 경험이 필요합니다. 그래서 이번 장에서는 딸들의 마음에 걸쳐진 엄마가 지운 모든 마음의 틀을 벗어놓고 '나답게'를 찾기 위해 우리에게 필요한 것이 무엇인지를 생각해보려 합니다.

손 안 가는 착한 아이

지하철을 타고 상담실로 가던 길이었다. 한 엄마가 아이 셋을 데리고 어디론가 가고 있었다. 첫째아이는 대여섯 살쯤 된 여자아이였고, 쌍둥이로 보이는 남동생들은 서너 살 정도로 보였다. 딱 봐도 천방지축인 쌍둥이 남동생들에 비해 여자아이는 무척 얌전해 보였다.

여자아이는 엄마가 옆자리 할머니와 한담을 나누는 동안 지하철 안에서 시끄럽게 떠드는 동생들을 단속하느라 무척 스트레스를 받고 있는 것 같았다. 그 아이는 또래가 지닌 천진난만함 대신 심각하고 엄숙한 표정을 짓고 있었다. 그때 아이의 엄마와 할머니가 여자아이를 가리키며 이런 얘기를 주고받았다.

"얘는 진짜 손이 안 간다니까요."

"그래서 첫째는 딸이어야 해. 엄마한테는 딸이 있어야지."

왠지 그 말이 칭찬으로만 들리지 않았다. 아이의 얼굴에는 나이답지 않은 그늘이 드리워져 있었기 때문이다. 그 아이의 표정은 그동안 상담을 하면서 마주한 여러 장면들을 떠올리게 했다.

독이 되어 돌아온 선한 거짓말

수연 씨는 산후 우울증을 계기로 상담을 받기 시작했다. 그녀는 어렸을 때부터 엄마의 착한 딸로 살아왔지만 '착한 딸'이라는 역할 속에 자신을 욱여넣느라 자신의 욕구와 감정을 억눌러야 했다. 자기 자신과 싸우고 스스로를 부정하는 일을 해왔던 것이다. 그리고 엄마와의 관계에서 시작된 자신을 지우고 부정하는 관계 방식은 자라며 맺어온 모든 관계에서 반복되거나 확장되었다. 그녀는 타인이 자신을 규정하고 자신에게 기대하는 틀에서 벗어나지 못한 채 스스로를 답답하게 여기는 동시에 타인을 불편하게 여겼다. 겉으로는 어디를 가나 모나지 않고 어른들의 칭찬을 받는 착한 딸, 착한 친구, 착한 직원, 착한 며느리, 착한 아내였지만, 그 어떤 관계에서도 자신을 편하게 내려놓지 못했다.

아이를 낳고 돌보며 착한 엄마의 역할을 하기 시작하면서부터는 누군가가 자신의 목을 옥죄는 듯한 불편한 감정을 느끼기 시작했다. 아이를 온전히 사랑할 수 없는 자신을 처벌하고 싶었고, 한편으로는 아이와 단둘이 방치되었다는 생각이 들어 분노에 휩싸였다. 그녀는 아이를 기대했던 친정 부모님과 시댁 어른, 그리고 남편을 원망했다.

이런 그녀의 의식 속에서 가장 오래된 기억을 살펴보았다. 시금치 반찬에 환호하는 자신의 모습이 담긴 기억이었다. 그녀는 엄마가 시금치 같은 나물 반찬을 내놓는 순간마다 "와! 시금치다!" 하며 자신도 모르게 환호했다고 했다.

사실 대부분의 아이가 그렇듯 그녀도 나물 반찬을 별로 좋아하지 않았다. 특히 시금치를 좋아하지 않았는데, 그럼에도 반찬으로 나올 때마다 너무 신나하며 만세를 불렀다고 했다. 너무 싫었지만 싫은 만큼 더 열성적으로 시금치를 환영해야 한다고 생각했다. 물론 그녀는 이런 얘기를 단 한 번도 엄마에게 해본 적이 없었다. 그저 시금치가 밥상에 올라오면 세상에서 가장 맛있는 음식인 것처럼 시금치 반찬을 삼켰을 뿐이다.

반면 그녀의 두 동생들은 시무룩한 표정으로 반찬 투정을 했다. 그러다 보니 시금치는 항상 그녀의 몫이었고, 계란에 부친 소시지는 동생들 차지가 되었다. 이런 일은 밥상 앞에서뿐만 아니라 다른 일상에서도 반복적으로 나타났다. 그런데도 동생들은 자기들이 원하는 것을 요구하고 얻으면서도 불평불만이 많았다. 같은 엄마 밑에서 자랐지만 그녀와 동생들이 시금치 반찬에 대해 보인 상반된 반응은 지금까지도 이어지고 있다. 그리고 이 모든 것의 시작은 '엄마를 기쁘게 하기 위해서'가 아닌 '엄마를 슬프게 하지 않기 위해서'였기 때문에 그녀의 마음에 더 큰 짐이 되었다.

그녀의 기억 속 엄마는 아빠와의 오랜 갈등과 경제적 어려움, 시댁과의 불화로 언제나 지치고 우울한 모습이었다. 엄마의 불행을 눈치 채고 있었던 그녀는 누가 시킨 것도 아닌데 엄마가 하는 모든 행동에 과장된 추임새를 넣어 즐거운 척했다. 다른 사람들은 그녀가 씩씩하고 싹싹하고 유쾌하고 도움이 많이 되는 아이라고 생각했고, 스스로도 아주 오랫동안 그렇게 사는 것이 맞다고 믿어왔다. 스스로의 감정을 속이는 것을 너무 일찍부터 자연스럽게 해왔기 때문에 자신의 진심이 무엇인지조차 몰랐던 것이다. 사실 그녀는 전혀 즐겁지 않았다. 그저 즐거운 '척'할 뿐이었다.

엄마의 기분을 조금이라도 나아지게 하기 위한 어린아이 특유의 천진하고 선한 의도로 시작된 자기 감추기는 결국 그녀의 마음을 갉아먹고 있었다. 게다가 엄마의 슬픔이 줄어들었으면 좋겠다는 그녀의 소망 역시 애초부터 이뤄질 수 없는 것이었다. 그녀의 엄마는 딸이 사실은 자신을 위해 싫어하는 시금치를 먹고 있다는 사실도 몰랐을 뿐만 아니라, 시금치를 잘 먹는 딸을 보는 걸 '행복해야 할 이유'로 인식하고 있지도 않았다.

"엄마는 지금도 제가 시금치를 좋아한다고 생각해요. 저 먹으라고 시금치 반찬을 한가득 해서 가져다주시기도 하지요. 제가 아이 낳고 우울하다고 했더니 저더러 이상하다고 했어요. 지금 생각해보면 엄마도 제가 어렸을 때 우울증이었던 것 같은데, 제게 이상하다고 하니 정말 실망스러워요."

시금치는 그녀에게 자신의 마음을 숨기고 빨리 어른이 되어야 했던 아픔을 상징하는 최초의 기억이자 엄마와 그녀 사이의 은폐된 진실과 진심을 상징하는 음식이었다. 그녀는 여전히 엄마에게 솔직할 수 없었다. 그리고 그만큼 자기 자신에게도 솔직할 수가 없었다.

그녀는 어른의 기분을 살피고 맞춰주며 아주 어린 시절부터 과도한 책임감과 죄책감을 키워왔다. 보호받고 대접받으며 자기 마음을 솔직하게 표현하기보다는 타인의 마음을 더 먼저 살피며 눈치 보는 일, 그리고 자신의 마음을 편집하는 능력 아닌 능력을 기르게 된 것이다. 이런 능력이 좋은 방향으로 펼쳐진다면 친구들 사이에서는 배려심이 깊은 아이로, 선생님을 비롯한 어른들에게는 모범적인 아이로 받아들여지고, 그 덕분에 다른 사람과의 관계에서 사랑과 인정을 받게 될 수도 있다.

때로 이런 모습은 잘 길러진 사회성으로, 속 깊은 배려심으로 칭찬을 받고 환영을 받는다. 만약 이런 모습이 단지 아이가 가진 다양한 모습 가운데 하나라면 크게 문제 될 것도 없고 오히려 아이에게 필요한 사랑과 인정의 세례를 더 쉽게 받게 해주는 좋은 계기가 될 것이다. 하지만 언제 어디서든 그런 역할만 강요받거나 그 속에만 갇히면 자기 소외의 문제가 시작된다. 타인을 돌보느라 자기 자신을 방치하고 소외시키고 자신의 욕구와 감정으로부터 멀어지게 되는 것, 그럼으로써 자기 자신으로부터 멀어지는 위험에 빠지게 되는 것이다.

외부의 압력과 기대를 자기 나름의 방식으로 소화하거나 필요할 때는 거절할 수도 있는 능력을 가지는 것은 중요한 능력이자 권리라고 할 수 있다. 이 권리를 수연 씨는 오랫동안 제대로 쓰지 못한 채 살아왔다. 게다가 타인의 마음을 제대로 읽는 일은 언제나 어렵고 결국에는 실패할 수밖에 없는 과제다. 타인을 이해하기 위해 노력할 수는 있지만 내가 타인이 될 수는 없기 때문이다. 그녀는 이런 말도 했다.

"사람들은 저를 착하다고 좋아하지만 제가 볼 때 저는 눈치를 아주 많이 보면서도 어떤 때는 눈치가 정말 없기도 하거든요."

타인의 마음을 읽기 위해 지나치게 애쓰다 보면 눈치를 보는 데에 너무 많은 에너지를 쓴 나머지 정작 관심을 가져야 할 일을 놓치기도 쉽다. 또 자기 나름의 배려가 타인에게는 소용이 없거나 도리어 부담이 되는 일도 생긴다. 그리고 자기중심이 없고 스스로를 지키지 못하다 보니 힘든 일이 일어날 때에는 자연스럽게 타인을 원망하고 분노하는 마음이 일어난다. 하지만 그 마음조차 솔직하게 표현하기보다는 열심히 감추기 위해 노력했기 때문에 마음 편할 날이 없다. 결정적으로 수연 씨의 그런 모든 마음이 폭발하게 된 것은 아이를 낳고 나서부터였다.

아이를 낳는다는 것은
한 번 더 아이의 삶을 지나는 것

수연 씨는 사회가 정해놓은 수순대로 대학에 진학하고 결혼을 했다. 그러고는 아이를 낳았다. 언제나처럼 자기 자신에게는 묻지도 않고 그저 가족들의 바람에 따라 결정한 것이었다. 하지만 책임은 고스란히 그녀가 질 수밖에 없었다. 더구나 한 생명을 책임지는 일이었다. 아이를 처음 받아 안은 순간 그녀는 무서워졌다. 도저히 해낼 수 없는 무겁고 어려운, 결정을 번복할 수 없는 과제를 덜컥 떠안게 된 것만 같았다.

그녀는 아이를 돌보며 마음에 분노와 원망감이 차오르는 것을 느꼈다. 자신의 보살핌에 전적으로 의존하고 욕구에 충실한 아이를 키우며 자신은 지금까지 철저히 욕구를 무시당한 채 살아왔다는 것을 깨닫게 된 것이다. 그런데 이제는 아이를 돌봐야 하는 책임의 무게까지 지워지자 마치 삶에 출구가 없는 것처럼 느껴졌다.

그전까지 억압되어 있던 무의식적인 욕구가 요동치기 시작했다. 아이를 낳는다는 것은 이제는 아이로서가 아닌 어른으로서 아이의 삶을 다시 한 번 지나게 됨을 의미한다. 수연 씨는 자신의 잃어버린 유년기에 대해 알 수 없는 분노가 치밀어 올랐다. 받을 수 없을 거라 생각해 애초부터 포기하고 원하지 않는다고 말하거나 원하지 않으면서도 원하는 척 거짓말했던 순간들이 너무 많았던 것이다. 게다가 어린 시절 아이의 삶을 살 수 없었기에 어른이 되어서도 자기 안의 유아적 욕구가 충족되기를 기다리는 마음의 환상도 가지고 있었다.

그녀는 보살핌을 받고 싶은 자신의 마음을 아이를 기다리는 마음과 착각했다. 아이를 낳아 기르며 다시 보살핌을 받는 아기가 되고 싶었던 것이다. 지금까지 다른 사람에게 착하게 굴고, 배려하고 돌봐왔지만 사실 그녀가 원했던 것은 자신도 그런 돌봄을 받는 것, 그런 돌봄의 다음 수혜자는 자신이 되는 것이었다. 자신을 지워가면서라도 성취하고 싶었던 것은 결국 타자를 향한 것이라기보다는 타자를 돌아 나에게 돌아오기를 바라는 것이었다. 그녀의 타인 돌봄은 자기 돌봄을 기대하는 마음을 은폐하고 있었다. 하지만 육아는 지금까지 해왔던 것보다 훨씬 더 강도 높은 일방적인 돌봄이었다. 그제야 그녀는 자신이 타인 돌봄에 몰두하며 마음에 품었던 기대와 약속이 지켜질 수 없다는 것을 깨닫게 되었다. 자신의 차례는 오지 않을 뿐 아니라 앞으로도 더 강도 높은 돌봄, 더 일방적인 돌봄만 해야 되는 삶 속으로 더 깊숙이 빠져버린 것을 깨달은 것이다.

"그렇게 애쓰지 않아도
넌 충분히 괜찮은 아이야."

엄마를 슬프지 않게 하는 것, 그럼으로써 자신도 슬퍼지지 않는 것이 첫 번째 심리 프로젝트였다면, 그 결과는 완벽한 실패였다. 하지만 이후로도 그녀는 계속해서 타인의 마음을 먼저 돌보며 사는 심리 패턴을 반복해왔다. 그런데 이제는 더 이상 아기를 잘 낳고 잘 돌보라는 주변 사람들의 기대에 부응할 수가 없을 것 같았다. 자기 안의 마음과 싸워가며 세상을 향해 절실하게 열심히 띄운 계획이 모두 수포로 돌아간 것처럼 느껴졌다. 결국 그녀는 무너졌다. 아기를 낳지 않아도 된다고 말해주지 않은, 그럼으로써 자신을 육아라는 힘든 상황에 몰아넣은 주변 사람들이나 사회가 원망스러웠고 화가 났다. 하지만 그녀는 분노조차 마음 놓고 표출할 수 없었고, 밖으로 향하지 못한 분노는 그 방향을 바꿔 자신으로 향했다. 한편으로는 원망하고 억울해하다가도 또 한편으로는 그 모든 것이 자신의 선택이었고 책임을 감당하지 못하는 자신이 못나게 느껴졌던 것이다.

"저는 항상 인정과 칭찬에 목말랐던 것 같아요. 결혼을 했을 때도 시부모님께 잘해서 칭찬받고 인정받는 것이 저에게 중요하니까 그렇게 한 거잖아요. 그래서 이렇게까지 분노하고 허탈해하는 저 자신이 이해가 안 돼요. 결국 내가 인정받고 칭찬받으려고 그런 거면서……."

하지만 문제는 인정받고 칭찬받고 싶어 하는 마음 자체가 아니다. 진짜 문제는 엄마를 비롯한 어른들이 그녀의 한 가지 모습, 하나의 역할을 해낼 때만 인정해주고 칭찬해주었다는 것이다. 그럴 때 칭찬과 인정은 독이 된다. 인정과 칭찬이 딸을 수용하고 품어주기 위한 것이 아니라 어른들의 필요와 욕구에 따라서만 주어지니 말이다. 어떤 의미에서는 인정과 칭찬조차도 착취가 될 수 있다. 엄마를 원망하고 자책하는 그녀에게 물었다.

"엄마의 칭찬과 인정에 목말랐던 그때로 돌아간다면 나에게 필요한 말, 듣고 싶었던 말은 무엇인가요?"

그녀는 한참동안 생각에 잠기더니, 어느 순간 약간 놀란 눈으로 대답했다.

"그렇게 애쓰지 않아도 괜찮아. 그래도 넌 괜찮은 아이야."

그러고는 갑자기 울음을 터뜨렸다.

"그 눈물은 수연 씨에게 어떤 말을 하고 있을까요? 그 눈물의 의미가 뭘까요?"

"지금까지는 제 우울이 너무 깊어서 저에게 필요한 것 역시 정발 큰 것이라고 생각했어요. 뭔가를 많이 해야 나아질 수 있을 것 같았지요. 그런데 제가 예전에도 원했고 지금도 원하는 건, 그러니까 저에게 필요했던 건 그저 사소하고 단순한 말 한마디였다는 생각이 들어 오히려 더 슬퍼요. 그렇게 어려운 것도 아니었는데 왜 아무도 저에게 그런 말을 해주지 않았을까요?"

딸이 자신만의 삶을 살 수 있도록 마음을 지켜주는 엄마가 없었다는 슬픔과 상실감, 그녀의 분노와 원망의 바탕에는 바로 그런 슬픔과 상실감이 담겨 있었다. 어렸을 때는 '너는 착한 아이', '너는 괜찮은 아이', '엄마는 네 덕분에 살 만해'라는 말을 듣고 싶었다. 하지만 아이가 칭찬과 인정을 받기 위해 자기 마음을 무시해야 하는 상황에 너무 오래 또 너무 자주 놓여 있었다면, 그 모든 말들은 오히려 그 아이를 착하거나 괜찮은 아이가 아닌 마음을 잃어버린 아이로 자라게 만든다. '넌 나의 사랑스럽고 자랑스러운 딸'이라는 인정이 부모의 욕구와 결핍이 설정한 작은 테두리 내에서만 유효하다면, 그 아이는 결코 행복할 수 없다. 왜냐하면 나의 목소리와 엄마의 목소리가 대립하는 순간, 내 목소리를 지우거나 엄마의 목소리를 지우는 양자택일의 어려운 결정을 마주해야 하고 어느 쪽을 택하든 행복할 수 없으니 말이다.

이제 그녀는 스스로를 구할 필요가 있었다. 엄마의 욕구와 기대에 묻혀 들리지 않았던 자신의 욕구를 담은 목소리를 밖으로 꺼내놓는 연습을 해야 했다. '너무' 뭔가를 하려고 할 때마다 '그러지 않아도 된다'고 이야기 해주고, 어떤 선택을 해야 할 때는 다른 누구도 아닌 자기 자신에게 먼저 묻고 자신의 감정과 감각, 취향에 따른 선택들을 해나갈 필요가 있었다. 타인 돌봄보다는 자기 돌봄이 우선이었다.

우리 모두 각자 가정 안에서의 역할이 있다. 마치 맞물려 돌아가는 기계의 부속품처럼 각자의 역할과 특징으로 자리 잡히고 강화된 모습이 있다. '책임감 강한 첫째', '쓸모 많은 둘째', '애교 많은 막내'처럼 진부하고 상투적인 모습으로 자리 잡은 하나의 이미지와 관계 방식의 틀을 쉽게 부여받는다. 각자가 처한 환경에 맞춰 역할이 더 크게 강화되는 것, 그 자체는 당연하고 어쩔 수 없기도 하며, 그 나름대로 좋은 기능을 하기도 한다.

문제는 가족 안에서 시작된 이런 고정된 틀이 변화나 변주의 기회를 얻지 못하고 다른 관계 속에서도 똑같이 재현되기 쉽다는 데에 있다. 그래서 우리는 어린 시절 주조되어(사실은 우리가 '선택한' 것이 아니라 많은 부분 '선택될' 수밖에 없었던) 틀에 박힌 관계를 반복하다가 스스로를 답답해하며 평생을 살기도 한다. 마음으로는 자기 혁명과 관계의 반란을 꿈꾸지만 그 혁명에 가장 큰 저항을 하는 사람 역시 자기 자신이 되기도 한다. 변화가 너무 크고 어렵게 느껴지는 것이다.

하지만 변화는 크고 거창한 어떤 것이 아니라 '그렇게 하지 않아도 괜찮아. 그래도 넌 좋은 사람, 괜찮은 사람, 사랑스러운 사람이야'라는 인정과 무조건적인 수용에서 나온다. 우리가 결국 듣고 싶은 말은 "내가 어떻든, 무슨 결정을 하든, 그 결정이 내 마음에 들든 들지 않든 너는 그 자체로 사랑스럽다"이기 때문이다.

이야기를 나누며 수연 씨는 지금도 자신을 힘들게 하는 모든 것이 그렇게 싫어한 시금치 반찬에도 환호했던 어린 자신에서 시작되었다는 것을 알았다.

"다시 그때로 돌아간다면 솔직하게 엄마에게 '난 시금치가 싫다'고 말해보고 싶어요. 동생들도 어렸지만 저도 어렸으니까요."

이제라도 그녀는 엄마에게 그리고 세상에게 자신이 싫은 것을 말하는 연습을 하며 자신을 부정하는 대신 긍정하는 연습이 필요했다. 또한 '엄마는 언제나 보살핌을 주는 존재'라는 엄마 역할에 대한 관념도 수정이 필요했다. 엄마도 때로는 보살핌이 필요하다는 사실, 제대로 된 보살핌을 받은 사람만이 제대로 보살핌을 줄 수도 있다는 사실을 머리가 아닌 마음으로 받아들여야 좀 더 가벼운 마음으로 자신의 딸을 보살필 수 있을 것이었다. 자신이 원하는 것을 타인에게 해주면서 가만히 자신의 차례를 기다리는 대신, 원하는 것을 스스로에게 해주거나 타인에게 보다 분명하고 구체적으로 요구를 전하는 새로운 소통방식도 필요했다.

우리 모두에게는 상처 감수성이 필요하다

언젠가 부모교육 강의를 마치고 나오는데, 어떤 엄마가 이런 질문을 했다.

"강의를 듣다 보니 제가 아이를 칭찬하는 방식 어딘가에 문제가 있는 것 같아요. 제가 원하는 대로 했을 때만 칭찬을 했는데, 그래서 아이가 제 눈치를 보게 하는 건 아닌지 걱정이 되네요. 사실 저도 어렸을 때 엄마 말씀에 순종하면서 기쁘게 해드리려고 노력했거든요. 그래서 사회생활할 때도 정말 힘들었어요. 저도 모르게 아이에게 그 과정을 강요한 것 같아 너무 걱정이 돼요."

이 엄마의 걱정 속에는 사실 이미 해결책이 담겨 있었다. 왜냐하면 엄마 스스로 딸을 대하는 태도와 거기에 담긴 의도, 그 의도가 가져올 수 있는 부작용에 대해 이렇게 많이 고민하는 한 그들의 관계는 극단으로 흐르지 않을 것이기 때문이다.

중요한 것은 상처 그 자체가 아니라 상처 가능성에 대한 감수성이다. 상처를 주지 않는 것은 불가능하지만 자신이 무심코 보인 어떤 모습이 딸에게 상처가 될 수도 있다는 그 가능성을 받아들이는 것, 이런 상처 감수성은 모든 엄마에게 필요하다. 진짜 상처는 상처받았다는 사실이 아니라 상처받았다는 사실을 이야기할 수 없는 데에서 비롯되기 때문이다. 그래서 이런 답을 해주었다.

"저는 그저 이 고민을 마음에 품고 계속 고민해나가면 좋을 것 같아요. 한쪽으로 기울어지는 것이 문제일 뿐 엄마가 아무런 기대도 없이 딸을 키울 수는 없으니까요. 어디까지가 엄마를 위해서이고 어디까지가 아이를 위해서인지를 계속 고민하고 성찰하면서 시행착오를 거치다 보면 더 나은 균형점을 찾아갈 수 있을 거예요. 다만 아이에게 어떤 기대를 표현할 때 '내가 원하는 것은 이것이지만, 꼭 그렇게 하지 않아도 된다'는 여지와 여유를 남겨주는 것, 그럼으로써 아이가 스스로 선택할 수 있는 범위를 넓혀주는 것, 그리고 어떤 경우에도 사랑을 거두어가지는 않을 것이라는 것을 표현해주는 것이 중요해요. 딸이 자라면 자랄수록 엄마가 최초에 설정한 기대를 따르느냐 따르지 않느냐는 딸이 스스로 선택해야 할 문제지 엄마가 어떻게 해줄 수 있는 것은 아니니까요."

세상의 모든 너무 착한 딸들은 자기 목소리를 키우는 과정에서 손상을 입는다. 마치 프로크루스테스의 침대처럼 자기 기준에 맞춰 딸을 재단하려 하고 그러면서도 문제의식을 느끼지 못할 때 엄마도 딸도 극단적인 모습을 보이게 된다.

세상의 모든 엄마들은 딸에게 자신의 기대를 이야기해주는 동시에 기대 그 너머로 나아갈 수 있다고 격려해주는 존재여야 한다. 말하자면 한없이 많은 기대를 하면서도 언젠가는 딸이 그 모든 기대를 멋지게 배반해줄 때를 기다려야만 한다. 누군가가 진심으로 어른이 된다는 것은 엄마의 기대를 인식하는 동시에 실망시킬 용기를 가지는 것을 의미한다. 그럴 때에만 스스로 원하는 삶을 살 수 있다.

아이는 아이다워야 한다. 어린 시절을 '애어른'으로 보낸 사람들은 어른이 되어 뒤늦게 돌봄을 받지 못한 내면의 아이를 다시 만나게 될 수밖에 없다. 만약 '어른아이가' 된 것 같은 나를 마주하게 되더라도 혼란스러워할 필요는 없다. 그저 내 잃어버린 유년에 대한 작은 신호로 해석해도 좋다. 지금까지 지나치게 타인을 의식하며 살았다면, 때로는 내 상처와 감정에 대해 호들갑을 떨어봐도 괜찮다. 세상의 많은 착한 딸들에게는 이미 어른이 되었다고 해도 때로는 아이가 된 듯 자기의 감정과 욕구에 집중하고, 나이에 맞지 않게 역할에 맞지 않게 도리를 벗어나 내 목소리를 찾는 여정을 감행해볼 시간과 용기가 필요하다. '착하다'는 말이 더 이상 칭찬으로 들리지 않는다면, 마음속 불균형과 불일치를 바로잡는 시간이 필요하다. 그리고 그 모든 것은 "남을 위해 너무 애쓰지 않아도 괜찮아"라는 아주 사소한 말 한마디에서 시작될 수 있다.

익숙하지만 불편했던 내 역할에서 벗어나기 위한 3단계

내가 맡아온 익숙하지만 불편한 역할에 이름을 붙여본다

우리는 때로 하나의 역할과 그 역할이 기대하는 모습에 부응하기 위해 애쓴다. 엄마와 딸은 특히 서로에게 단단한 역할의 틀을 강요하는 면이 있다. 예를 들어 딸들은 다음과 같은 이름으로 자신의 역할을 설명한다.

착한 아이, 엄마의 버팀목, 어디 내놔도 아쉽지 않은 딸, 귀여운 막둥이, 쓸모 많은 아이, 책임지는 사람, 집안의 조정자, 해결사, 집안의 기대주, 감정의 쓰레기통, 동네북, 화풀이 대상, 기쁨조

"엄마와의 관계 속에서 나의 이름은 ________ 이다."

내 역할의 장단점을 분석한다

이름의 역할은 강력하다. 한번 정해지면 나를 그 안에 가두고 진짜 내 모습을 드러낼 수 있는 기회를 차단한다. 그러니 역할을 맡게 된 원인과 그 역할이 굳어지게 된 원인을 객관적으로 분석하는 것이 필요하다.

내가 그 역할의 짐을 떠안게 된 데에는 분명 이유가 있고 그 역할을 그대로 유지하는 것이 주는 장점이 있다. 갑자기 지금까지 해온 모든 역할을 포기하기보다는 현재의 상황과 달라진 내 모습에 맞춰 새롭게 조정해나가려는 태도가 필요하다.

"그 이름을 유지하는 데는 장점과 단점이 있다."

이제 내가 맡고 싶은 역할을 다시 그려보고 실행한다

새로운 나의 모습과 역할을 그릴 때에는 구체적인 계획과 실천이 필요하다. 또 이때는 오히려 가깝고 편했던 엄마와 가족들이 오히려 멀고 불편하게 여겨질 수 있다는 점을 기억한다. 그들은 오래 가깝게 붙어 있었던 만큼 나를 익숙한 역할 속으로 되돌려놓기 쉽다.

"엄마와의 관계 속에서 나의 새로운 이름은 ________ 이다."

Chapter 09

누구에게나 한번은 홀로서기가 필요한 시점이 찾아옵니다

내 마음의 소리

"오춘기, 왜 다 자란 지금에서야 이렇게 화가 나는 걸까요?"

'자기감sense of self'은 말 그대로 나를 느끼는 감각입니다. 나를 나이게 하는 감각이고, 내가 무엇을 원하고 무엇을 추구하고 무엇을 선호하는지, 삶의 경계와 테두리를 세워주는 감각입니다. 자기감이 분명할 때 나는 내 삶의 주체로, 내 삶의 주인공으로 삶을 이끌어갈 수 있지요. 하지만 당연한 것처럼 보이는 이런 자기감을 확고히 다지고 펼쳐가는 것은 생각보다 쉽지 않습니다. 더구나 딸들이 자기감을 성취해나가는 과정은 더 복잡 미묘한 심리적 과정을 뚫고서야 나타납니다.

이번 장에서는 자기감 형성 과정을 둘러싼 딸들의 여정과 그 여정을 지지하면서도 때로는 방해하는 엄마의 모습, 그로 인한 뒤늦은 자기감 획득 과정 속 진통을 사춘기와 오춘기의 심리적 폭발과 성장으로 그리며 짚어보고자 합니다.

그럼으로써 스스로의 자기감 형성 과정 속 결핍과 의존성 때문에 딸의 자기감 형성 과정을 방해하게 되는 엄마들의 모습을 답습하거나 이런 모습 때문에 생긴 갈등 때문에 스스로를 소진시키고 미워하는 진통을 지나 진정한 나를 찾아가는 심리적 여정을 어떻게 하면 잘 할 수 있는지 그 방법을 함께 찾아보고자 합니다.

"내가 왜 이렇게 살아야 해?"

혜나 씨는 35년을 살아오는 동안 작년이 최악이었다고 말했다. 모든 것이 엉망이었고 그 시간들을 떠올리는 것조차 몸서리치게 힘들다고 했다. 많은 것이 마음에 들지 않았고 무엇보다 자신에게 화가 많이 났다고 했다. 함께 일하는 동료나 남자친구는 물론 낯선 사람과도 사소한 일로 크게 다투는 일을 반복했고, 결국에는 결혼까지 약속했던 남자친구가 더 이상 감당하지 못하겠다며 떠났다고 했다. 하지만 객관적으로 볼 때 작년은 그녀가 이루고자 했던 꿈을 이룬 시기였다. 그토록 기다려왔던 교수 임용이 된 해였기 때문이다. 그런데 원하던 꿈을 이루고 모든 것이 안정되자 이유를 알 수 없는 감정의 폭발이 시도 때도 없이 일어난 것이다. 가장 당황한 사람은 자기 자신이었다.

"오춘기가 뒤늦게 온 거죠. '내가 왜 이렇게 살아야 하지?'라는 회의감이 저를 짓눌렀어요."

그 시기에 그녀가 가장 강렬하게 격돌했던 사람은 엄마였다.

"그냥 엄마에게 제일 많이 화가 났어요. 돌아보니 제가 엄마 말에 너무 고분고분하며 언제나 엄마의 허락만을 기다리며 살았다는 것을 알게 된 거예요. '내가 왜 그래야 해?' 하면서도 어쩔 수없이 엄마의 입만 보고 있는 제 자신이 너무 싫고 한심했죠."

딸의 감정 폭발에 엄마는 어떻게 반응했을까?

"엄마는 제가 갑자기 미쳤다고 생각했대요. 아무것도 아닌 일에 꼬투리를 잡고 죽일 듯이 화를 냈으니까요. 하지만 그때는 저도 제 자신을 제어하기가 어려웠어요."

엄마는 처음에는 당황해서 함께 언성을 높이며 싸웠다. 자신이 했거나 하지 않았던 일들에 대해 딸이 비난하고 원망하고 따지고 들기 시작하면 되받아치기 바빴다. 하지만 어느 순간부터는 딸이 혹시라도 더 잘못될까 두려워 무조건 잘못했다고 빌기 시작했다.

"내가 다 잘못했다. 나를 용서해다오."

엄마는 자신이 너무 딸의 삶에 깊이 관여했으며, 딸이 자기 생각을 가지기 어렵도록 엄격하고 냉정한 태도로 대해왔음을 인정하고 사과했다. 단호하고 단단했던 예전의 엄마가 아니었다. 그래서 그녀는 처음에는 당황했지만 오히려 약해진 엄마 모습에 더 화가 났다. 또한 엄마의 사과에도 분이 사그라들지 않는 자신을 스스로도 이해할 수 없어 당황하고 갈등했다. 이 모든 소용돌이 속에서 결국 그녀는 자신을 싫어하게 되었다.

마음을 정리하는 시간, 왜 하필 지금일까?

감정의 폭발이 계속되던 시기에 혜나 씨는 자신의 고통을 이해해주려고 애쓰는 모든 사람들에게 예민하고 민감하게 반응했다. 그러자 사람들은 하나둘씩 그녀를 멀리하고 떠나기 시작했다. 그때 한 친구가 조심스레 정신과에 가서 상담받아보기를 권했고, 그녀 자신도 상황이 심각하다고 느껴져 치료를 받고 싶었지만 정신과에 대한 편견 때문에 차일피일 미루다 시간만 흘려보냈다.

그 후로 1년이 지났다. 마음이 잠잠해졌다. 그 사이 그녀는 독립을 해서 혼자 살기 시작했고, 그러면서 표면적으로는 갈등도 사라진 것처럼 보였다. 그리고 전보다 사람들과의 관계에서도 조심스러워졌다. 하지만 분노 폭발의 시기가 지나자 이제는 수치심과 외로움이 찾아왔다. 자기 자신은 물론 타인에게 준 상처의 민낯을 마주하게 되었던 것이다. 그제야 그녀는 비로소 진정한 치유의 시간이 필요하다는 걸 느꼈다. 마치 폭발이 다 끝난 활화산처럼 모든 것을 분출시키자 드디어 마음을 정리해야겠다는 생각이 들었던 것이다. 자존심이 강하고 의심이 많은 그녀가 상담실을 찾은 이유도 여기에 있었다.

처음 찾아온 상담실에 찾아온 날, 그녀에게 물었다.

"그런데 왜 지금이죠?"

상담실에 찾아온 모든 사람에게 하는 질문이었다. 왜 하필, 다른 때도 아닌 지금인가. 보통 사람들은 가장 힘들 때, 가장 갈등이 심할 때, 가장 아플 때, 가장 스트레스를 받을 때 상담실을 찾는다고 생각한다. 하지만 꼭 그런 것만은 아니다.

사람들은 가장 아프기 전, 혹은 가장 아픈 후에 상담실을 찾는다. 가장 깊은 고통의 한복판에 있을 때에는 고통에 압도되어 그것을 설명할 언어와 들어줄 대상을 찾지 못하는 것이다. 그들이 말하는 '왜 지금인가?'에 대한 답은 제각각 다르지만, 그 안에는 개인이 가진 심리 문제의 뿌리는 물론 본질이 담겨 있는 경우가 많다. 혜나 씨 역시 마찬가지였다.

"오춘기 폭발을 다 하고 났더니, 이제는 그것을 제대로 잘 수습해야 할 것 같았어요. 파편들 잘 치우고 정리하는 게 필요하다는 생각이 들었죠. 예전에는 내가 너무 힘드니까 다른 사람들에게 기대고 싶고 의지하고 싶었어요. 그런데 오히려 그렇게 너무 의지하고 기대기만 하니까 사소한 말 한마디 한마디에 예민해져서 발끈하고 화가 나고 했던 거예요. 그런데 생각해보면 그게 문제의 핵심이기도 했어요. 무조건 다른 사람들이 다 해주길 바라니까 힘들었던 거예요. 이제 조금은 알겠어요. 나에게 필요한 것은 의지할 누군가가 아니라 홀로서기라는 걸요. 그래서 이렇게 상담을 받으러 온 거고요."

의존적이기에 찾아오는 고통, 고통을 피하기 위해 의존하는 마음

혜나 씨가 느꼈던 고통은 타인에게 지나치게 의지했기 때문에 비롯된 것이었다. 그런데 그 고통의 해결 방법을 다시 의지와 의존에서 찾으려 해서 그녀의 삶에는 고통만 있을 뿐 성장은 없었던 것이다. 그녀는 이제 자신의 삶을 살고 싶었다. 하지만 35년 동안 익숙해져버린 삶의 방식을 고치기란 쉽지 않았다.

"미쳐 날뛰던 작년 1년을 지나며 알게 된 게 있다면 어느 누구도 제 삶을 대신 살아줄 수는 없다는 거예요. 저는 항상 다른 사람들을 지나치게 가까이 생각하고 맞춰주면서 그들이 전부인 것처럼 살아왔어요. 겉으로 보기에는 독립적인 것처럼 보이고 공부도 잘하니까 멋있어 보였을 수는 있지만, 그냥 그것뿐이었던 거지요. 내가 있어야 할 자리에 내가 없으니까 엄마를 붙잡고 늘어지면서 원망만 늘어놓았어요. 이제는 엄마와도, 다른 사람들과도 거리 조절을 하면서 혼자 설 수 있으면 좋겠다고 생각해요."

그런데 왜 그녀는 외적으로는 원하는 모든 것을 마침내 이뤘다고 생각했던 그때 내적으로 무너졌을까?

"원했던 것을 이루고 나니까 너무 허무했어요. 저는 오로지 그거 하나만 보고 참으며 살아왔거든요. 그런데 어느 순간 그건 엄마의 목표였다는 걸 깨달았죠. 제 인생을 걸 만한 목표는 아니었던 거예요. 다시 시작해야 할 것 같은 기분이 들었어요."

"그럼 교수가 되는 건 혜나 씨의 꿈이 아니었나요?"

"그걸 잘 모르겠어요. 저도 원했지만 엄마가 중요하게 생각하니까, 그러니까 엄마와 내 생각이 따로 있지 않았던 것만은 분명해요. 그때는 엄마가 좋다고 하는 것은 다 좋아 보였으니까요."

그전까지 그녀는 '엄마의 딸'로서 엄마에게 순응하고 의존하며 살아왔고, 또 이렇게 관계 맺는 방식에 익숙했기 때문에 주변 사람들과도 언제나 조화를 이루기 위해 자신을 드러내지 않는 방식으로 살아왔다. 그리고 사실 드러낼 '나'조차 따로 없었다. 자기 존재감이 없었던 것이다. 그리고 그런 사실을 자신의 목표라고 굳게 믿었던 것이 결국 자신의 목표가 아니었음을 깨닫는 과정에서 겨우 알게 된 것이다. 그러자 그녀는 화가 났다.

처음에 그녀의 화에는 방향성이 없었다. 그래서 가장 만만한, 자기 삶에 가장 큰 영향을 미친 엄마를 붙잡고 늘어졌다. 그녀는 그 당시를 '일시적 분노조절장애가 있던 1년'이라고 말했다. 그러나 그 분노에는 분명한 이유가 있었고 의미도 있었다.

나를 나답게 만드는 감각, 자기감

딸들의 삶은 엄마의 자궁에서 시작된다. 엄마와 나를 구분할 수 있는 감각의 경계조차 없이 엄마가 나고, 내가 엄마다. 이런 경계 없는 삶은 태어나서도 한참 동안 지속된다. 아들 역시 엄마의 몸에서 삶을 시작하고 분리되고 독립하는 과정을 통해 자기감을 만들어나가는 심리 발달 과정을 거치지만, 엄마가 딸에 대해 느끼는 연결감은 더 특별하고 끈질기다.

엄마는 같은 성별인 딸을 자신의 연장선에서 바라보는 경향이 더 강하고, 딸들 역시 동일시하는 정도가 더 강하다. 하지만 이런 끈끈함이 반드시 건강한 친밀감으로만 전환하지는 않기 때문에 엄마와 딸의 관계에는 더 많은 갈등이 내포되어 있다. 이런 조건 속에서 많은 엄마들이 때로는 딸의 자기감 획득 과정을 의식적으로든 무의식적으로든 방해한다.

우리는 누구나 가슴에서 일어나는 뭔가를 느끼고 원한다는 생생한 감각을 느끼고 이것이 존중받을 때 자기감을 느낀다. 그리고 이런 감각이야말로 나를 다른 사람이 아닌 나답게 만든다. 그런 경험 속에서 딸은 건강한 '자기 주장성'을 키워가고 탄탄한 '자존감'을 형성하며 자기 자신에 대한 신뢰인 '자신감'과 타인에 대한 신뢰인 '애착'을 키워나간다. 그리고 내면에서 들썩이는 감정들을 환경의 욕구와 한계에 맞춰 조정하는 '조절력'과 소통과 협상을 통해 '나'를 표현하고 '너'를 받아들이며 세계를 확장해나가는 동시에 세계 속에 나를 심어둘 수 있는 힘을 기르게 된다.

하지만 아주 어린 시절 가까운 사람과의 친밀한 관계 속에서 자기감이 손상되거나 제대로 형성될 기회를 얻지 못했다면, 성인이 되어서도 자신이 무엇을 원하는지 잘 감지하지 못할 뿐 아니라 원하는 것을 제대로 표현하는 데에 어려움을 겪는다. 특히 엄마가 자신의 심리적 결함이나 사정, 한계로 인해 딸을 자신과 동일시하려는 강렬한 충동에 휩싸여 있을 때나, 딸이 엄마와 다른 나를 상상할 수 없을 때 딸의 자기감은 희생된다. 딸은 의존심과 불안, 타인의 감정에 대한 과도한 민감성 때문에 독립하지 못한다.

딸이 자기감을 확고히 갖기 위해서는 아이의 의견과 감성, 취향을 존중해주고 허용해주며 지지해주는 엄마가 필요하다. 그리고 엄마와 딸의 관계는 일단 엄마라는 어른과 딸이라는 아이의 불균형적 위계의 구도로 시작되기 때문에 딸의 자기감을 존중하는 엄마의 태도는 매우 중요하다. 하지만 많은 엄마들이 딸들이 자기 생각과 테두리에서 벗어나는 것을 허용하지 못한다. 극단적인 경우 엄마의 의견을 관철시키고 자신의 존재감과 통제감을 발휘하기 위해 딸의 존재감과 통제감을 억누르기도 한다. 하지만 딸들이 언제까지나 '엄마의 딸'로만 살 수는 없다. 그래서 딸들의 마음속에 억압되어 있던 자기감은 강렬한 폭발과 분출의 시기를 기다린다. 혜나 씨에게 그 시기가 작년이었던 것이다.

사춘기는 자아 찾기를 위한 진통과 성장의 필수 과정

최근 들어 뒤늦은 오춘기 폭발로 엄마와 갈등하며 힘들어하는 딸들을 많이 만나게 된다. 이들은 대부분 사춘기가 온 줄도 모르고 그 시기를 평온하게 지냈는데 뒤늦게 찾아온 오춘기에 서로 당황하고 충격을 받았다고 이야기한다. 하지만 이들의 성장 과정을 들여다보면 실상은 '사춘기가 없었던 것'이 아니라 '사춘기가 없어야 했던 것'임을 보게 된다.

사춘기는 특히 여성들에게 중요한 시기다. 자기 자신을 새롭게 인식하는 것은 축복이자 저주로 다가온다. 여자아이에게 이 시기를 지나는 것은 때로 정말 끔찍한 일이다. 어딘가에서 한번쯤 크게 터질 것 같은 지뢰밭을 지나가야 하는 것과도 같다. 그리고 이런 두렵고 끔찍한 경험은 평생 남을 마음의 홈을 만든다.

우울증 유병률만 봐도 알 수 있다. 전 세계적으로 우울증 유병률은 남성보다 여성에게서 두세 배는 더 많이 나타난다. 이것은 여성이 본래 남성보다 심리적으로 더 취약하기 때문이 아니라, 여성이 정서적인 어려움에 더 취약할 수 있는 사회 구조, 호르몬의 영향 아래에 있다는 것을 의미한다. 그리고 그런 남녀 간의 차이가 극명하게 드러나기 시작하는 시점이 바로 사춘기다.

자신의 외모, 자신의 미래, 자신을 둘러싼 환경, 이 모든 것이 어느 순간 갑자기 소녀의 마음에 고민을 불러일으킨다. 진공에서 대폭발이 일어나듯 다루어야 할 수많은 안건들을 해결해내야 하는데, 소녀는 아직 자신을 믿을 수가 없고 자기 마음을 다루는 데에 서투르다. 해내야 하는 것과 할 수 있는 것 사이의 낙차와 간극만큼 괴로움을 느끼지만 이 마음을 설명할 수 있는 언어와 이야기할 대상이 없고, 있다고 해도 충분치 않다. 당연히 이런 괴로운 마음으로부터 스스로를 보호하기 위해 내면으로 침잠한다. 때로는 겉으로 지나치게 수다스러워 보이기도 하는데, 그마저도 고통을 피하고 싶은 시도라 할 수 있다.

사춘기가 되면 딸들은 그전까지 당연하다고 생각했던 권위에 도전하기 시작한다. 지극히 정상적이며 건강한 과정이다. 마치 아기가 엄마의 자궁 속에서 자신을 담고 있는 세계의 범위를 감지하기 위해 발차기를 시작했던 것과 같다. 엄마와는 다른 생각이 자라고 개별화가 시작된다. 성장은 기존의 것에 토를 달면서 시작된다. 물론 아직까지는 간섭과 보호를 구분하는 안목과 경험치가 부족하기 때문에 처음에는 엄마에게 극단적이고 민감한 방식으로 반응한다. 엄마의 생각이 절대적으로 자신에게 영향력을 미쳤던 기간이 긴 만큼 딸들은 이제 내 생각의 길을 먼저 확보하기 위해 엄마가 제안하고 주입하는 의견은 무조건 반대부터 하고 본다. 그렇게 함으로써 자신의 힘을 키울 수 있다고 보는 것이다.

본격적으로 혼자 힘을 키우고 생각할 시간과 공간이 필요하기에 이 시기부터 딸은 방문을 걸어 잠근다. 새싹처럼 돋아나는 자기 안의 생각을 지키려면 어쩔 수 없다. 아무리 좋은 것이라도 그건 '내 생각'이 아닌 '엄마 생각'이다. 이때 딸들은 '오로지 나만의 것'을 완결하여 확인해보는 시간이 필요하다. 엄마의 허용 범위 그 바깥을 탐색해보고 자기 힘으로 판단하고 건너보고 싶어 한다. 처음이기에 당연히 미숙하고 서투르고 부족하고, 엄마로부터, 또 타인으로부터 분리되고 독립하는 진통을 겪는다. 하지만 이런 과정을 거치며 유일무이하고 개별적인 '나'를 세우고, 좀 더 건강한 관계 속 거리감과 판단력을 갖게 된다.

사춘기는 엄마와 딸 관계의 질이 어떠한지를 여실히 떠오르게 하는 마음의 사건이다. 만약에 사춘기 전부터 엄마와의 관계에서 거절과 단절, 포기와 단념을 경험했다면, 자신의 마음을 소통할 언어와 대상이 없다는 고통 속에서 더 깊이 내면으로 침잠할 수밖에 없다.

짜증, 성마른 분노, 갈 곳을 잃은 에너지는 분출할 대상을 필요로 한다. 그리고 그 대상은 거의 언제나 엄마를 중심으로 나뉜다. 오로지 엄마이거나 절대로 엄마여서는 안 되는, 엄마로 상징되거나, 엄마가 아닌 것으로 상징되는 이분법의 세계 속에서 딸들은 어떤 기로에 놓인다. 그리고 '자기'를 세우기 위해서는 외부 대상의 것을 무조건 내 것으로 받아들이는 '동일시'와 엄마의 흔적이 묻어 있는 것은 무조건 반대부터 하고 거리를 두는 '탈동일시'를 반복하며 스스로도 혼란스러워한다.

사춘기는 이 모든 동일시와 탈동일시, 의존과 독립을 실험해보고 그 속에 자기를 던져 동일시도 탈동일시도 아닌 다양한 스펙트럼 위에서 자신이 편한 지점을 찾고, 심리적·상징적인 자기만의 스타일, 자기 브랜드의 출시를 공표하는 시점이다. 그런 점에서 우리가 '이유 없는 반항'이라고 하는 사춘기의 일탈은 사실 이유 '있는' 반항이다. 진정한 심리적 독립과 심리적 탄생을 향한 선포인 셈이다.

이 같은 딸들의 변화에 엄마는 당황할 수밖에 없다. 하지만 길게 보면 이 과정은 반드시 필요하다. '나'라는 존재를 세우기 위해 진통과 시행착오는 필수적이기 때문이다. 사춘기의 반항을 나를 세우는 개별화와 독립, 성장의 과정이라는 관점에서 본다면 오히려 격려받고 장려되어야 한다.

그런데 어떤 엄마는 이런 사춘기의 변화를 잘 받아들이지 못한다. 이를테면 딸이 계속 엄마 말을 잘 따르는 착한 딸로만 남기를 바라는 엄마는 자기 생각을 가진 건강한 딸이 자라날 틈을 허용하지 않을 뿐 아니라 때로는 감히 상상할 자유조차 주지 않으려고 안간힘을 쓴다. 그래서 상담실에는 이십대를 십대처럼 보내고 이십대도 삼십대와 다르지 않게 생각했다가 삼십대에 접어들고 나서야 자신의 마음속에 그렇게나 많은 자신의 감정과 욕구가 억눌려 있었다는 것을 뒤늦게 발견하고 혼란을 겪는 딸들이 찾아온다. 그리고 그런 딸들의 모습은 "우리 딸은 사춘기도 없고 말썽 한번 피우는 일없이 착하게만 컸다"고 자랑하는 엄마들의 자랑 밑에 은폐되어 있는 경우가 많다.

사춘기를 통과하면서도 건재하거나 더 깊어진 엄마와 딸의 관계를 얻게 된다는 것은 많은 부분 딸의 성취가 아닌 엄마의 오래 참는 사랑의 힘을 통해 이루어진다. 만약 우리 딸은 사춘기가 없었다고 자랑하는 엄마가 있다면 그건 자랑할 만한 일이 아니라는 것을 알아야 한다.

우리에게 삶이란,
진정한 나를 찾아가는 여정

혜나 씨는 자신의 자기감을 돌아보고 홀로서기를 하는 과정을 통해 엄마의 자기감과 홀로서기가 어려운 엄마의 의존성도 보게 되었다.

"생각해보면 제가 엄마에게 많이 기대온 것도 사실이지만 엄마가 저에게 더 크게 기대온 게 아닌가 싶기도 해요. 엄마는 딱 저만 보고 살아오신 것 같거든요."

그녀의 말처럼 딸들의 자기감 형성 과정을 의식적으로든 무의식적으로든 방해하는 엄마들은 자기감이 탄탄하지 않은 경우가 많다. 자기감이 탄탄하지 않아 자기 삶의 주체가 되지 못했던 엄마, 자신의 많은 것을 타인에게 의탁하며 살아왔던 엄마들은 딸에게도 자기 삶의 주체가 되어야 한다는 것을 보여주지 못하는 것이다. 이런 엄마와 딸은 서로가 서로의 자기감을 침범하며 경계 없는 관계를 지속하는 의존적인 삶을 살게 되는 경우가 많다.

누군가의 자기감을 존중해주기 위해서는 일단 자기감이 탄탄

해야 한다. 하지만 너무 많은 엄마들이 자신의 욕망과 아이의 욕망 사이에서 혼란스러운 모습을 보이고 아이를 통해 자신의 욕망을 실현하고자 애쓴다. 그러면서 자기 삶의 주체로 서야 하는 자기 생의 목표에서 멀어진 삶을 산다. 그러니 아들과의 관계보다는 자신의 욕망과 욕구를 투사하기 더 쉬운 엄마와 딸은 서로가 자기 삶을 세워주는 건강한 관계를 맺어가고 있는지 수시로 살펴봐야 한다. '엄마가 좋으면 나도 좋아', '너가 좋으면 나도 좋아'가 아니라 '엄마가 좋다고 했지만 나는 아니야'라고 말할 수 있고, '나는 이렇게 생각하는데 너는 저렇게 생각하는구나'에 방점을 찍고 서로의 의견을 존중해야만 건강한 엄마와 딸의 관계를 이어나갈 수 있다.

삶은 진정한 나를 찾는 기나긴 여정이라 할 수 있다. 그리고 자기감을 회복하는 것은 어린 시절에 이미 마감된 과제가 아니고 엄마와의 관계 속에서만 가능한 과제도 아니다. 우리가 우리의 일생을 통해 내가 나와 맺는 과제, 내가 타인과 맺는 관계 속에서 놓지 않고 계속해나가는 과제이다. 만약 내 인생이 온통 엄마를 비롯한 타인의 승인을 통해서만 이뤄져왔다면, 이제는 나의 자기감을 돌보고 아주 작은 것이라도 '나만의 것'을 찾고 사소한 거절도 연습해봐야 한다.

더 들여다보기

뒤늦게 찾아온 사춘기, 오춘기 제대로 활용하는 법

오춘기의 방황과 갈등을 받아들인다

사춘기가 없었던, 혹은 없어야 했던 착한 딸들은 20대 후반에서 40대를 지나가는 어느 한 시기에 오춘기를 맞이하는 경우가 많다. 사춘기가 아직 제대로 경험해보지 못한 세계에 대한 불안과 불만, 치기어림으로 들썩이는 시기라면, 오춘기는 이미 겪어봤으나 뜻대로 되지 않았던 삶의 많은 면들과 내면의 억눌림에 대한 후회와 자신없음, 냉소가 뒤섞인 시기로 딸들의 마음을 복잡하게 만든다.

뒤늦은 방황과 반항은 늦은 만큼 한순간 폭발적으로 드러낸다. 그리고 그 폭발은 대개의 경우 엄마와의 관계에 투영되기 때문에 엄마와의 갈등이 심화된다. 이럴 때는 새로운 내 마음에 당황하거나 그 마음을 밀어내기보다는 이미 내 마음에 가득 들어차 있는 수많은 다양하고 복잡한 마음들을 받아들이는 것이 필요하다. 갈등은 없어야 좋은 것이 아니라 잘 해결해나가야 좋은 것이다.

엄마의 갱년기를 이해하고 받아들인다

오춘기를 지나는 동안 딸들은 엄마에게 자신의 마음 폭발을 받아주기를 기대하게 된다. 그런데 문제는 이 시기 동안 엄마는 체력은 물론 심력 역시 많이 저하된 상태이기에 딸들의 오춘기를 제대로 받아주기 어렵다.

많은 엄마들은 오히려 딸의 폭발에 당황하거나 충격을 받고 딸을 나무라거나 방어적인 모습을 보임으로써 딸에게 더 큰 상처를 주고 갈등을 증폭시키기도 한다. 엄마들 역시 갱년기를 지나고 있기 때문이다. 엄마들은 자신의 지나온 삶에 대한 회한을 느끼고 앞으로의 삶에 대한 불안감과 막막함을 느끼기에 자신의 힘겨움을 딸이 먼저 알아주기를 바란다. 그래서 오춘기인 딸과 갱년기인 엄마가 서로의 힘겨움을 이해하지 못한 채 오락가락하는 감정을 날것으로 내뱉고 관계는 갈등과 상처로 점철되고 만다.

내가 지금 오춘기의 방황을 하고 있다면 엄마 역시 갱년기를 지나고 있음을 기억하자. 나를 바라보는 엄마의 차갑거나 미숙한 표현에 상처받으며 엄마의 표현을 액면 그대로 받아들이지 말고 다른 해석의 가능성에 눈을 돌리자.

오춘기의 의미와 메시지를 해석한다

오춘기를 지나게 되었다는 것은 내면에 심어진 여자로서, 딸로서의 역할, 그리고 그간 관계 속에서 내가 심어놓은 어떤 이미지의 틀에 갇혀 자기감이 지워진 면이 있었음을 의미한다. 이 시간을 잘 지나가기 위해서는 증상이 주는 신호와 의미를 제대로 해석하는 것이 필요하다.

진정한 의미에서 오춘기는 전에는 미처 몰랐던 내 안의 내가 있음을 의미한다. 사춘기의 성장통을 느낄 새도 없이 나를 지우고 살아온 시간이 길었다는 것을 인식하고 나를 나답게 하는 것, 내 삶의 순간을 생생하고 빛나게 하는 시간을 가질 수 있도록 내 자기감의 원천을 찾는 계기로 만들어야 한다.

Chapter 10

지금의 내 삶은 누구 탓도, 누구 덕분도 아닙니다

내 마음의 소리

"엄마가 살라는 대로 살았지만, 지금의 난 행복하지 않아요."

상처는 고통스럽습니다. 우리는 고통을 피하고 싶기 때문에 고통을 주는 대상, 상황, 자극에 주목하고 이를 피하기 위해 나름대로 노력을 합니다. 그런데 그 과정에서 상처를 건강한 방식으로 풀어내기보다는 오히려 상처에 더 깊이 갇히게 되는 경우도 있습니다. 특히 엄마가 준 상처를 다루는 과정에서 딸들은 더 깊은 상처 속에 스스로를 밀어 넣기도 합니다. 마치 늪지대에서 빠져 나오려고 허우적거리다 보면 더 깊게 빠져드는 것처럼 말입니다.

이번 장에서는 상처를 바라보는 방식에 대해 이야기를 해보려 합니다. 딸이 엄마를 일방적인 가해자로, 자신을 속수무책의 피해자로 보는 이분법적인 구조에 갇히면, 그리고 삶에서 부딪치는 많은 어려움을 모두 '엄마 탓'으로 돌리는 환원론에 갇힌다면, 또 그저 방어를 통해 상처를 '표출'하거나 '폭발'해버리는 데 그친다면, 딸들은 결코 엄마의 상처를 극복할 수 없습니다. 오히려 더 깊이 갇히게 될 뿐입니다.

물론 상처 입은 연약한 마음은 탓하고 싶은 마음, 방어하고 싶은 마음, 표출하고 싶은 마음으로 쉽게 기울게 마련입니다. 하지만 그럴수록 우리가 상처를 이야기하는 것의 근본적인 목표를 생각해야 합니다. 그것은 누군가를 탓하거나 비난하기 위해서도 아니고, 또 '고립'이나 '단절'이 아닌, 더 건강하게 '연결'되기 위한 것임을 알 필요가 있습니다. 오랫동안 속으로 곪아 있는 상처 응어리를 치유함으로써 상처를 통한 성장과 연결의 힘을 생각해볼 수 있으면 좋겠습니다.

행복을 좇느라 행복할 수 없던 삶

올해로 마흔이 된 유정 씨는 평생 동안 엄마의 사랑을 의심하며 살아왔다. 겉으로 보기에 그녀는 많은 성취를 이루었다. 성실하고 든든한 남편과 예쁜 딸, 부족하지도 넘치지도 않은 살림에 가정생활도 평탄한 편이었다. 그런데도 내면은 공허했다. 행복하지 않았다.

"만족은 있었지만 그게 행복이었는지는 모르겠어요. 자주 무기력했어요. 해야 할 것을 하느라 하고 싶은 것이 무엇이었는지 잊어버린 것도 같아요. 마음이 힘들어서 닥치는 대로 이런저런 책을 찾아서 읽기도 하고 강연도 들으러 다녔지요."

그러다가 그녀의 마음에 강하게 꽂힌 단어가 '내면의 비판자'였다. 이거다 싶었다. 마음속에는 항상 평가하고 비판하고 현재 상태에 머물지 못하게 채찍질하는 목소리가 울리고 있었기 때문이다.

"뭔가 해야지, 하고 싶다고 생각할 때마다 어디선가 엄마의 목소리가 들리는 것 같았어요. 엄마는 항상 비판적이고 지적했어요. 제가 '좋다', '행복하다'라고 느끼는 그 상태에 머물러 있는 꼴을 보지 못했죠. 엄마는 자수성가해 자부심도 강했고 완벽주의 성향이 강했어요. 70세가 다 되셨지만 여전히 이상도 높고 자기관리에도 철저하세요. 본인이 그렇기 때문에 엄마는 항상 저에게 '이래야 한다, 저래야 한다'며 적극적으로 상황을 더 나은 방향으로 바꾸어야 한다고 채근했죠."

돌아보면 그녀는 평생 '엄마 만족시키기'라는 과제를 수행해온 것이나 다름없었다. 그리고 그 과제는 너무 어려웠다. 높은 규칙과 기준이 그녀를 따라다녔다. 그녀는 행복을 느낄 겨를 없이 살아왔고 이제는 너무 지쳤다고 느꼈다. 항상 뭔가가 뒤에서 잡아당기는 것 같았다. 그리고 이런 어려움이 항상 주변 사람들의 부족한 점을 지적하고 교정하려 드는 야심차고 욕심 많은 엄마, 성인이 된 지 한참 지났음에도 여전히 강력한 힘을 발휘하는 엄마와 딸의 관계에서 비롯된다고 믿었다.

그녀는 언제나 앞만 보며 달려왔다. 쉬는 방법을 배워본 적이 없는 것 같다고 했다. 몸과 마음의 에너지가 고갈된 상태임에도 여전히 자신을 채찍질하는 마음이 강했다. 쉬는 것은 쉽지 않았다. 경쟁이 치열한 분야에서 일하고 있었기 때문에 쉬었다가 다시 돌아가는 것이 쉽지 않다는 것이 표면적인 이유였다. 하지만 더 근본적인 이유는 마음속에 메아리치는 불안을 자극하는 목소리에 있었다. 엄마의 목소리였다. 엄마는 언제나 그녀에게 최선을 강조했고 '힘들다'는 말을 신심으로 받아들이지 않았다. 엄마 자신이 살아온 삶의 방식이 그러했기 때문이다.

"이 정도 가지고 뭐가 힘들다고 그래? 원하는 것을 얻으려면 죽을 만큼 노력해야지. 우는 소리 말고 다시 달려!"

엄마의 목소리에서 비롯된 '내면의 비판자'는 그녀가 힘들어하는 순간마다 더 채찍질을 했다. 자신이 기억할 수 있는 어린 시절부터 그녀는 단 한 번도 엄마가 편했던 적이 없었다고 했다. 항상 혼날까 봐 두려워 잠시도 쉬지 못했고, 어떤 결정을 해야 할 때마다 눈치부터 살폈다. 때로는 혼자 일을 벌여놓고 틀림없이 혼날 것이라 생각해 엄마가 알아채기도 전에 실토하기도 했다.

"부처님 손바닥처럼 엄마 손바닥 위에서 살아왔던 거죠."

그녀는 불안과 죄책감을 쉽게 느꼈고 자주 무기력했지만, 그런 자신을 받아들이기도 쉽지 않았다. 엄마와 함께 있으면 느껴지는 마음의 긴장감을 견디기가 어려워 결혼을 서둘렀다. 엄마로부터 벗어나고 싶었고, 결혼마저 엄마의 높은 기준에 맞추려면 숨 막힐 것 같아서 엄마가 그 어떤 제안이나 선택을 할 수 없도록 결혼을 서둘렀다. 하지만 아이러니하게도 사실은 그 선택마저 엄마 때문에 한 것이었다.

결혼이 근본적인 문제를 해결해주지는 않는다

그녀의 남편은 욕심이 없는 사람, 그래서 압박감을 주지 않는 사람이었다. 엄마와는 정반대였다. 그녀가 쉽게 결혼을 결정할 수 있었던 것도 그 같은 편안함 때문이었다.

"자기 야심을 드러내는 남자와 연애는 할 수 있었지만 결혼은 결심할 수 없었어요. 저를 조금이라도 긴장시키는 사람은 오래 만나기가 힘들었거든요."

배우자 선택에서 우리는 의식적으로든 무의식적으로든 부모의 영향을 받는다. 그 방향은 크게 두 가지로 나눌 수 있다. 하나는 부모와 닮았기에 선택하는 것, 다른 하나는 부모와 다르기에 선택하는 것이다. 어떤 상황에서든 부모님은 우리 내면의 중요한 기준이 된다. 그래서 우리가 부모와 무관하게 배우자를 고르는 일은 거의 없다. 그 모든 감각의 기준선이 언제나 우리에게 강력하게 영향을 미쳤던 부모님, 특히 엄마가 된다는 점에서 엄마의 영향은 어마어마하다.

엄마는 딸들이 배우자를 선택할 때 직접적으로 영향을 미치기도 하지만 다른 면에서도 영향을 미친다. 딸은 한 여성으로서 이성인 남성과 어떤 방식으로 관계 맺기를 할 수 있는지를 보여주는 가장 중요한 청사진을 엄마를 통해 얻게 된다. 딸들은 엄마와 아빠의 관계, 아빠를 대하는 엄마의 태도를 보면서 자신이 어떤 관계 속에서 익숙함을 느끼는지, 남자란 여자에게 어떤 사람인지, 남녀 관계는 어떤 방식으로 펼쳐지는지, 가족의 행복은 어떤 방식으로 구현되는지를 깨닫게 된다. 말하자면 세상에 태어나 처음 만나 가장 가까이서 지켜본 남자와 여자가 어떤 방식으로 사랑을 만들어나가는지 또는 파괴해가는지를 보며 제 나름의 애정관을 형성해가는 것이다.

이런 과정에서 딸들은 모든 불협화음과 불편함을 예민하게 감지한다. 엄마의 행복하고 편안한 모습을 통해 자기 삶에서 중요한 선택을 내리는 과정을 설레는 마음으로 기다린다. 그러나 한편으로는 엄마의 불행과 불평에 투영된 부정적인 남녀 관계에 대한 관념 때문에 뚜렷한 이유 없이 관계를 불안해하거나 두려워하기도 한다. 그리고 엄마와 아빠의 관계 속에서 느낀 불행과 불평의 그림자가 짙을수록 남녀 관계에 대해 부정적인 상을 그리게 된다.

엄마 때문에 그토록 힘들어했던 딸들은 결혼을 통해 엄마의 영향력에서 벗어나려 하지만, 배우자 선택에서조차 엄마의 영향력 아래 놓이게 된다. 따라서 엄마로부터 받은 상처가 많은 딸들에게는 인생의 중요한 선택이 진정한 의미에서의 자기 선택이 되고, 환상이 아닌 현실에 기초한 선택이 되어야 한다. 그러기 위해서는 무엇보다 자신의 선택과 자라면서 엄마에게 받은 상처의 연관 관계를 구체적으로 풀어내는 것이 필요하다.

그녀에게 선택은 엄마로부터의 탈출을 의미했다. 탈출을 목적으로 한 섣부른 선택은 많은 경우에 또 다른 탈출을 필요로 하게 될 위험이 있지만 다행히 그녀는 남편과의 결혼 생활에서 안정감을 느꼈다. 청소년 교육 사업을 하는 남편은 기존에 엄마가 대변하고 강조하던 세계관 그 반대편에 있었다. 경쟁의 사다리에 올라가 우위를 차지하기 위해 필요한 야심, 자기계발, 스펙 쌓기처럼 겉으로 보기에 화려하고 반짝이는 것을 중시하는 엄마와는 달리, 남편은 눈에 보이는 가치보다는 수평적인 관계, 인권 같은 것을 더 중요하게 생각하는 사람이었다.

남편을 만나기 전까지 그녀의 많은 선택들은 엄마가 중요하게 여기는 가치 또는 무시하는 가치를 기준으로 이루어졌다. 그 선택의 결과로 그녀는 경쟁이 치열한 마케팅 분야에서 일하며 겉으로는 성공적인 커리어를 쌓아왔다. 하지만 언제부턴가 매 순간 경쟁하고 긴장해야 하는 그 일이 불편했고, 급기야는 '내가 언제까지 이 일을 할 수 있을까?' 하는 회의감이 들었다.

그때 힘이 된 사람이 남편이었다. 엄마 쪽으로 기울어진 기준과 틀 안에서 갑갑함을 느끼던 그녀에게 남편은 반대쪽의 기준들이

주는 여유와 자유, 위로를 경험하게 해주었다. 엄마와는 전혀 다른 성향의 남편을 만나며 마음의 균형을 되찾은 그녀가 결혼을 서두른 이유도 그 당시 직장 생활에서 염증을 느끼고 있었기 때문이다. 그녀는 남편의 경제적인 능력보다는 심리적인 안정감에 더 마음이 끌렸다. 엄마도 처음에는 반대하고 걱정했지만 그때는 엄마답지 않게 흔쾌히 결혼을 허락했다.

결혼과 동시에 마음속 긴장과 갈등이 해소되며 그녀는 조금씩 안정을 찾아갔다. 하지만 이 역시 오래가지는 못했다. 엄마에게서 심리적으로 떨어져 나온 것은 아니었기 때문이다. 결혼한 이후에도 그녀는 여전히 엄마의 목소리를 더 크게, 아니 오히려 이전보다 더 치열하게 의식하며 살게 되었다.

"결혼을 하면서 이제는 내가 성공한 커리어 우먼인 동시에 현모양처도 되어야 한다는 생각을 했던 것 같아요. 남편이 압박을 하는 것도 아닌데, 제 스스로 그런 생각을 한 거죠. 결국 이것도 엄마의 이상이지요. 뭐든지 최선을 다해 최고의 결과를 끌어내는 것 말이에요. 나는 고작 엄마의 이상을 실현해주는 착한 딸이 되고 싶었나 하는 의혹 때문에 괴로워요. 엄마로부터 물리적으로는 벗어났지만 엄마가 제 마음속에 심어놓은 비판적인 목소리는 언제나 저를 따라다니고 있죠. 헤어나고 싶지만 언제나 단단히 저를 결박하고 있는 느낌을 받아요."

벗어나려 발버둥치는 대신 새롭게 연결하기

그녀는 언제나 엄마가 더 이상 비판할 수 없는 수준으로 자신을 끌어올리기 위해 노력해왔다. 이를 통해 어느 정도 다른 사람들의 인정과 존경을 받고 스스로를 방어할 수 있었다. 하지만 아무리 노력해도 내적 행복을 얻기는 어려웠다. 어떻게 해도 의혹을 일으키는 내면의 비판자를 완전히 잠재우는 것이 불가능했다. 시간이 갈수록 내면의 비판자는 더 까다로운 조건을 나열하며 그녀를 채찍질하는 것만 같았다. 이런 마음의 갈등을 느끼며 어느 순간부터 그녀는 무기력해졌고 기진맥진해졌다.

"도대체 내가 얼마나 더 해야 하나 싶은 생각이 드는데, 이런 생각의 끝에는 항상 엄마가 있는 거예요. 모든 것이 엄마와 연결되니 이젠 정말 지겨워요. 저는 언제쯤 엄마의 영향력에서 벗어날 수 있을까요?"

자기 안에 까다롭고 높은 기준을 가진 내면의 비판자를 심어놓은 엄마를 향한 원망과 비난이 이어졌다. 엄마의 목소리를 크게 의식하며 엄마의 기준을 내면화한 자신에 대한 후회와 자책도 계속되었다. 그녀는 엄마의 기준에 맞추느라 정신없이 앞만 보며 달려온 삶의 방향과 어지러운 속도감에서 벗어나 자기 삶의 방향을 재설정하고 싶다고 했다. 진정으로 엄마의 목소리에서 벗어나 자기 삶을 찾고 싶다고도 했다. 어느 방향으로 가야 할지는 확실했다. 하지만 쉽지는 않았다. 성취에 있어서도 '엄마가 따라잡을 수 없도록' 하는 것, 결혼에 있어서도 '엄마로부터 탈출하는 것'에 목표를 두었듯 여전히 그녀는 오로지 '엄마에게서 벗어나는 것'에만 집중하고 있었기 때문이다.

그녀는 아이러니하게도 벗어나고 끊어내려 하면 할수록 점점 더 깊은 수렁 속으로 빠지는 자신을 발견했다. 이미 내면에서 메아리치는 엄마의 목소리들을 완전히 몰아내는 것은 불가능할 뿐 아니라 내면의 목소리가 가진 본연의 기능도 있기 때문이었다. 게다가 엄마가 중요하게 생각하고 강조했던 가치들이자 이미 익숙해져 자신의 중요한 일부가 되어버린 가치들을 이제 와서 버릴 수도 없었다.

"만약에 지금 누군가 저에게 '그렇게 힘들면 일 그만둘래?'라고 묻는다면 '아니!'라고 대답할 것 같아요. 왜냐하면 사실 저도 눈에 보이는 성과나 제 스스로 이루어놓은 일들을 통해 자신감을 얻거든요. 엄마가 심어놓은 목소리든, 내 행복을 방해하는 것이든, 그것을 잃으면 행복해지기는커녕 분명 더 불행해질 거예요."

그녀에게 필요한 것은 결국 엄마로부터 벗어나고 내면의 비판자와 싸우는 것이 아닌 엄마와 새롭게 연결되는 것이었다. 그리고 이 전환은 사소한 대화에서 시작되었다.

어느 날 그녀는 남편과 상담한 이야기를 나누며 엄마가 마치 시한폭탄처럼 심어놓은 내면의 비판자 때문에 자신이 삶에서 얼마나 힘겨웠는지에 대해 이야기했다. 그런데 여느 때처럼 묵묵히 그녀의 말을 듣고 있던 남편이 이런 말을 했다고 했다.

"당신은 지금 그 내면의 비판자가 잡아당기는 힘이 당신을 앞으로 나아가지 못하게 한다고 말하고 있어. 하지만 내가 보기에 당신은 항상 어떻게든 앞으로 나아가는 힘을 발휘했던 것 같아. 뒤에서 잡아당기는 힘이 얼마나 셌든 앞으로 나아가고자 하는 힘이 언제나 더 강했거든. 그리고 뒤에서 잡아당기는 힘이 장모님의 비판적인 말투나 완벽주의 성격 때문일 수도 있지만 어찌되었든 앞으로 나아가는 힘 역시 장모님께 물려받은 것 아닐까? 예전에는 어땠는지 몰라도 내가 보기에 지금 장모님은 그렇게 강하게 비판하고 밀어붙이기만 하는 분은 아닌 것 같아. 장모님의 기준이 높고 완벽주의 성향인 건 사실이지만 어떨 때 보면 오히려 그 나이 대의 다른 분들보다 더 합리적이고 융통성이 있으시던데?"

그 이야기를 듣는 순간 그녀는 한 대 얻어맞은 것 같은 느낌이 들었다. 결핍에만 집중한 나머지 엄마로부터 받은 힘에 대해서는 생각해보지 못했음을 깨닫게 된 것이다. 엄마가 해온 비판적이고 평가하는 목소리에 상처받은 나머지 자신이 가진 긍정적인 자질들, 삶에 대한 열망과 자기실현의 욕구, 자기 성찰을 해나가는 균형 감각 모두 사실은 엄마가 물려준 삶의 선물이라는 사실을 간과하고 있었던 것이다.

그리고 한편으로는 부끄러운 생각도 들었다.

"저는 엄마 때문에 힘들다는 생각에 책도 읽고 상담도 받고 여기저기 강연도 기웃거리면서 이런저런 개념을 배우잖아요. 그렇게 알게 된 지식으로 저를 무장해 내 삶의 모든 문제를 엄마와 관련지어 놓고 엄마만 비난하고 원망했어요. 엄마로부터 멀어지려고 열을 올린 거예요. 마치 엄마를 비난해서 사과를 받아냄으로써 내가 피해를 본 게 맞다는 걸 확인받으려는 것처럼요. 무작정 비난만 하면서 스스로 에너지를 갉아먹고 있었죠. 엄마가 심어준 내면의 비판자를 부메랑처럼 사용하며 엄마뿐만 아니라 저 스스로에게도 끊임없이 상처 입혀온 거예요."

그녀의 이야기는 우리가 상처받았을 때(더 정확히는 상처받았다고 느낄 때) 쉽게 빠지는 방어의 유혹을 보여준다. 그중에서도 '지식화'와 '억압'의 방어의 본질과 악순환을 설명해준다. 때로 우리는 타인을 향한 자신의 감정을 감당하기가 어려워 이 감정을 찬찬히 들여다보고 느낌으로써 스스로의 취약성을 받아들이기보다는 감정을 설명하는 정보들을 모으고 나열하며 단단하고 강해 보이는 이론으로 스스로를 무장하는 데에 더 많은 에너지를 쓴다. 그러면서 지식과 이론을 타인을 단죄하고 변하지 않는 자신을 변명하며 정당화하는 데에 쓰고 싶은 충동을 느끼기도 한다. 자기를 성찰하고 타인과 더 깊이 연결되는 데에 쓰는 것이 아닌 타인을 비판하고 소외시킴으로써 결국에는 자기 자신까지 소외시키는 방식으로 오용하는 것이다. 그런 지식은 지혜가 되지 못하고 삶을 근본적으로 바꿔주지도 못한다.

그녀는 자신이 그때까지 모은 심리학적 지식을 스스로를 위로하고 성찰하는 도구이자 매개로 사용하는 대신 엄마를 비난하는 무기로 사용하고 있었다. 그리고 어쩌면 그녀는 자신이 받은 상처를 그대로 되갚아주는 방식으로 대하고 있었다. 그녀의 엄마도 이성적으로 옳은 말을 나열하며 그녀의 감정을 무시하고 단죄했기 때문이다. 그렇게 우리는 타인이 우리를 상처 입힌 방식으로 타인에게 상처를 되갚아주고 싶은 충동을 느낀다.

하지만 이런 방식은 아무것도 바꾸지 못하고 상처로부터 해방시키지도 못한다. 오히려 상처에 더 단단히 결속시킬 뿐이다. 엄마의 유형을 가르고 성격적 결함을 분석하고 잘잘못을 비판하고 평가하는 것은 상처 속에 자신을 더 깊이 가둬둘 뿐 상처를 치유해주지는 못한다. 아무리 명쾌한 지식이라 해도 나 자신과 그리고 타인과 더 깊이 연결해주지 못한다면 그 지식의 유통기한은 길지 않다. 지식을 통해 엄마와 자신을 분리하고 자신을 일방적 피해자로, 또 엄마를 일방적 가해자로 인식하며 피해자라는 역할이 주는 도덕적, 심리적 우월감을 느끼고 나에게 소중한 누군가를 할퀴고 끊어내는 데에 집중하다 보면 그 분명한 이분법적인 구도 속에서 피해자가 되거나 가해자가 되거나 둘 중 하나만을 선택할 수밖에 없는 출구 없는 마음에 갇히게 된다.

방어, 우리를 자기 안에 가둬두는 상처의 몸짓

현실을 있는 그대로 직시하지 못하고 불편한 현실을 받아들여야 하는 고통을 피하려 할 때 우리 안에서는 다양한 방어가 나타난다. 어떤 사람은 기억을 '억압'하고, 어떤 사람은 자신의 마음을 타인에게 '투사'하고, 또 어떤 사람은 억지로 끼워 맞추며 '합리화'한다. 또 어떤 사람은 다른 대상 때문에 생긴 마음의 부정적 에너지를 만만한 사람에게 화풀이함으로써 '전치'한다. 또 어떤 사람은 지금 당장 받아들이기에는 스트레스가 큰 상황 속에서 현실감을 잃고 '해리'하고, 어떤 사람은 정말 미워하는 사람에게 오히려 더 친절하게 대하며 속마음과 전혀 반대인 '반동 형성' 방어를 한다.

건강한 사람이라도 누구나 방어를 한다. 어느 정도의 방어는 자신을 지키려는 경계심에서 나오는 것이니 그만큼 마음이 건강하다는 방증이기도 하다. 하지만 문제는 방어를 과도하게 하거나 방어가 필요할 때조차 적절하게 방어하지 못할 때 시작된다.

그녀는 자신이 오랫동안 지식화와 억압 방어를 하고 있었다는 사실을 깨닫고는 정보를 수집하고 이론을 더 탄탄하게 하려던 시도를 멈췄다. 그러면서 곧 한 가지 사실을 더 알게 되었다. 자기 내면에 메아리치던 엄마의 목소리는 비록 시작은 엄마가 뿌려놓은 것이었지만, 그 목소리의 변주를 만들어온 사람은 바로 자신이었다는 것을 말이다.

그녀는 자신도 모르는 사이에 습관처럼 엄마가 했던 말은 물론, 엄마가 실제로 하지 않았던 말들에도 혐의를 붙여 '엄마 때문이야'를 되뇌고 있었다. 정작 엄마는 세월의 흐름에 따라 조금씩 변해왔는데도 말이다. 실제로 엄마를 보면 과거에 경직되고 융통성 없는 방식으로 사람을 대하던 기세도 많이 꺾였고 가끔은 그녀를 칭찬하기도 했다.

엄마가 변하기를 바라고 열망하면서도 그 변화를 받아들이지 못한 사람은 오히려 그녀 자신이었다. 그녀의 마음속에 각인되어 있던 과거의 엄마 모습과 그로 인한 상처의 응어리가 현재의 실상을 직시할 수 없도록 만들었다. 그녀는 과거에 엄마가 했거나 하지 않았던 일들까지 모두 마음에 품은 채 지금의 엄마를 예단하며 부당하게 혐의를 씌웠다. 그녀를 힘들게 하는 내면의 엄마 목소리는 사실 실제 엄마 목소리가 아닌데도 그녀는 온갖 것을 뒤섞어 반응하고 있었다.

"엄마가 별 뜻 없이 한 말에도 괜히 울컥해서 왜 나를 가만히 놔

두지 못하냐고 따졌어요. 엄마가 굉장히 당황하는 것 같더라고요. 전에는 엄마가 당황하는 게 아니라 인정하지 않는 거라고 생각해 화가 났는데, 지금은 제가 엄마의 현재가 아닌 과거에 반응하고 있다는 것을 알게 되었죠. 엄마가 하지 않은 것까지도 엄마 때문이라고 몰아붙였으니 엄마가 어떻게 반응하든 해결점이 없을 수밖에 없지요."

그때부터 그녀는 거리를 두고 엄마를 분석하기보다는 먼저 엄마에게 다가가 자신의 마음을 조금씩 표현하기 시작했다. 자신이 느끼는 상처 감각에 대해 직접 이야기하는 연습을 하기 시작한 것이다.

"엄마, 그때 왜 그랬어? 그래서 나 아팠어."

처음에는 어색했지만 속으로만 앙심을 품어 마음을 쌓아놓고, 자신도 전혀 예상치 못했던 상황에 폭발해서 자신은 물론이고 엄마를 당황하게 하고 상처받기를 반복하는 것보다는 더 나은 방식임을 알게 되었다. 물론 처음부터 잘되지는 않았다. 엄마를 원망하고 비난하고 싶은 순간의 충동을 참고 "엄마가 그렇게 말하면 상처가 돼. 이렇게 해줬으면 좋겠어"라고 솔직하게 자기 마음을 이야기하기까지 시행착오도 겪었다.

엄마도 마찬가지였다. 처음에는 당황해서 방어적으로 반응하는 경우가 많았다. "그런 적 없었다"거나 "갑자기 쓸데없는 얘기를 한다"며 도리어 화를 내기도 했다. 하지만 결국엔 엄마도 자기를 방어하는 대신 이야기에 조금씩 귀를 기울이고 진짜 마음을 내비치기 시작했다.

"미안해. 그게 그렇게 널 아프게 할지 몰랐어."

그녀는 이 과정을 거치며 점점 엄마의 사랑도 오해 없이 받아들일 수 있을 것 같은 기분이 들었다. 또 그런 만큼 내면에 자리 잡은 엄마 '덕분에'와 엄마 '때문에' 사이의 알력과 긴장과 길항으로 이루어져 있던 자신의 삶도 이제 더 잘 보였다. 엄마의 사랑을 오해 없이 받아들이기 시작하자 내면의 비판자가 무조건 비난할 만큼 나쁘기만 한 것도 아님을 알게 되었다. 그것이 가진 순기능도 인식하게 되었고, 내면의 비판자가 아닌 내면의 응원자일 수도 있음을 느낀 것이다.

"저는 항상 사람들 앞에서 발표하는 것이 두려웠어요. 어렸을 때부터 엄마의 평가에 민감하게 반응하며 살아오다 보니 평가받는 자리가 아닌 곳에서조차 언제나 평가당할까 봐 의식했고, 진짜 평가하는 자리에서는 실력을 제대로 발휘하지 못했죠. 그러다 보니 항상 답답하고 불안했지요. 지난 주에 회사에서 발표가 있어 잔뜩 긴장하며 준비했다가 겨우 끝마쳤어요. 다행히 걱정만큼 못하지는 않았고, 오히려 잘했다는 평가를 받았지요. 홀가분한 마음과 안도감이 들어 어느 순간 멍해져서 집으로 돌아가는데 문득 그런 생각이 들더라고요. '아, 나는 평생 동안 내가 하고 싶었던 것을 망칠까 봐 두려워하며 살아왔구나.' 그런데 중요한 건 정말 단한 번도 완전히 망친 적은 없었다는 거예요. 그 이유를 생각해보니 어쩌면 그건 나를 뒤에서 잡아당기는 듯한 내 안의 비판적 목소리 덕분일 수도 있겠다 싶었어요. 제가 제 말을 순간순간 의식하고 모니터하기 때문에 큰 실수를 하지 않고 상황을 통제해 나갈 수 있었던 거지요. 전에는 제가 발표 불안에 시달리는 것도 무조건 엄마 때문이라고 생각했어요. 하지만 이제야 비로소 엄마가 심어놓은 내면의 비판자는 싸워야 할 대상이 아니라 같이 가야 할 마음속 엄마이자 이미 내 목소리 가운데 하나임을 알았어요.

앞으로는 제가 불안해서 시도하지 않은 것을 엄마 때문이라고 생각하며 기운 빼고 있지는 않을 거예요. 설사 엄마 때문이라고 해도 그걸 넘어서야 할 사람은 엄마가 아닌 저니까요. 그걸 깨닫기까지 정말 돌고돌다 돌아온 거예요."

그렇게 그녀는 엄마 '때문에'와 엄마 '덕분에'의 긴장 구도, 엄마 '가해자'와 딸 '피해자'의 구도를 넘어 자기 삶에 대한 진정한 책임의식과 주인의식을 갖게 되었다. 그리고 엄마를 비롯한 다른 사람들과 머리가 아닌 가슴으로 연결되는 소통을 해나가기 시작했다. 자신의 상처를 '엄마가 준 것'이 아닌 '나의 것'으로 받아들이고, 상처로 인한 '고립'이 아닌 상처를 통한 '연결'을 선택했기 때문이다.

상처를 뛰어넘음으로써
서로가 더 잘 연결될 수 있도록

상처는 일견 우리를 고립시키는 고통처럼 느껴진다. 하지만 상처만큼 타인과 더 깊이 연결되기를 촉구하는 마음의 사건도 없다. 다만 그렇게 되기 위해서는 무엇보다 마음속 상처를 가슴 깊이 느껴야 하고, 가슴으로 이야기하고, 그 상처를 넘어서기 위해 가슴과 가슴이 연결되어야 한다. 우리는 상처를 통해 연결되어야 한다.

"엄마, 그렇게 하면 내 마음에 상처가 돼.
나는 엄마가 이렇게 해주면 좋겠어.
그러면 엄마가 나를 사랑한다는 것을 더 잘 느낄 수 있을 것 같거든.
나는 엄마의 사랑을 상처가 아니라 사랑 그대로 받아들이고 싶어."

상처받았다는 이유로 상대를 고립시키는 시도를 하다 보면 결국 자신도 고립될 수밖에 없다. 어떤 관계 속 어떤 갈등의 구도 속에 있든 우리는 서로 더 잘 연결되는 것이 목표임을 잊지 말아야 한다. 엄마에게 상처를 받았다면 기회가 있을 때마다 꺼내서 이야기해야 한다. 억압하고 분석하고 회피하며 방어하던 끝에 비난과 원망으로 '표출'하고 '폭발'하는 것이 아니라, 그 모든 방어를 내려놓고 상처를 '표현'하고 '이야기'해야 한다.

더 들여다보기

치유로 나아가기 위한 상처를 대하는 5가지 마음의 태도

'때문에'와 '덕분에' 사이에서 균형을 잡는다

엄마와 딸 사이의 관계 속 상처를 바라보는 데에는 상처에 거리를 두고 바라보는 객관화와 전적으로 내 입장에서만 바라보는 주관화가 모두 필요하다. 모든 것에는 양면성이 있다. 모든 엄마는 완벽하지 않다는 것을 기억하면서 '엄마 탓'을 하고 싶을 때마다 그 반대편에 있는 '엄마 덕분'은 무엇인지를 살펴본다.

상처 드러내기의 목표는 고립이 아닌 연결이다

상처를 이야기할 때는 나 또는 엄마를 고립시키는 식의 관계 끊기보다는 관계 연결이 가장 중요한 목표임을 잊지 말아야 한다. 상처 때문에 단절되기보다는 상처를 통해 연결되어야 한다.

방어 충동을 내려놓고 진심을 드러낸다

내가 과도하게 방어하고 있지는 않은지 살펴보는 것도 중요하다. 상처는 고통스럽기에 우리는 어떻게 해서라도 그 고통을 방어하고 싶은 충동을 느낀다. 하지만 그럴수록 상처를 주었다고 생각한 사람에게 진심을 차분히 이야기하는 시간이 필요하다.

우리는 상처와 더불어 살아가고 성장한다

때로 우리는 상처받는다는 그 사실 자체에 너무 민감하다. 하지만 상처는 모든 관계에 당연한 과정으로 존재한다. 상처와 함께 살아가고 성장하는 것이 모든 관계의 본질임을 잊지 말아야 한다. 상처가 없기를 기대하기보다는 상처를 통해 더 잘 연결되고 더 크게 성장해나가고 있는가를 살펴야 한다.

상처의 이분법에서 벗어난다

상처는 상처를 준 자와 상처받은 자를 가해자와 피해자로 단순하게 정의하고 분류할 수 없다. 상처를 '엄마가 준 것'이 아닌 '내가 받은 것'으로 인식할 때, 엄마를 일방적 가해자가 아닌 그저 시행착오를 겪는 불완전한 한 인간으로 인식할 때, 상처를 통해 엄마와 새롭게 연결되고 내 삶을 나의 것으로 더 잘 살아낼 수 있게 된다.

Chapter 11

치유받지 못한 마음으로는 누구도 용서할 수 없습니다

내 마음의 소리

"용서해야 하는 줄 알면서도 그러지 못하는 내가 한심해요."

누군가가 우리를 미워하고 원망하는 일은 우리를 힘들게 합니다. 하지만 그보다 더 힘든 일은 미움과 원망을 마음에 품고 사는 일입니다. 그래서 이런 마음의 힘겨움을 덜어내는 방법으로 '용서'를 이야기하고 때로는 그것을 강요하기까지 합니다. 용서해버리면 상대방은 물론 자신과 이 관계를 둘러싼 다른 사람 모두가 편해진다고 쉽게 말합니다. 굳이 상처를 들춰냄으로써 서로 얼굴을 붉히고 어색해지고 불편해지는 수고를 덜어내자는 것이지요.

우리는 흔히 한 사람만 참고 삼키면 모두 편해지니 굳이 소란 떨지 말라며, 이미 상처받아서 힘겨워하는 사람에게 강요 아닌 강요를 합니다. 그런데 이렇게 '좋은 게 좋은 거다'라는 인식이 일반화되면 우리는 누군가가 미워지거나 원망스럽거나 의심스러워지기도 전에 스스로를 미워하고 원망하게 됩니다. 타인과 잘 지내는 척하기 위해 스스로를 속이고 자기 자신에게 화살을 돌리게 되는 것이지요.

특히 엄마와 딸의 관계에서 이런 식으로 문제를 해결하는 것을 많이 볼 수 있습니다. 이때 딸이 받은 상처와 미움, 원망은 고스란히 딸의 가슴속에 쌓입니다. 딸들은 엄마와 가깝기 때문에 엄마의 입장과 사정, 한계를 너무 잘 알고 있습니다. 그래서 더 취약할 수밖에 없고, 엄마의 상처와 사정을 먼저 이해하기를 강요받습니다. 그러다 보면 정작 자신의 상처는 살피지도 못한 채 그냥 묻어버리고 결국 그것이 마음속에 깊이 남아 오랫동안 그녀를 괴롭힙니다.

그래서 이번 장에서는 스스로의 상처를 보살필 때 부딪히게 되는 어려움과 그 어려움을 극복하기 위해 필요한 상처 '안아주기'에 대해 이야기하려 합니다. 이를 통해 진정한 안아주기의 의미와 안아주기의 방법을 생각해보려고 합니다.

아물지 않은 상처는
반드시 또 다른 상처로 돌아온다

다인 씨에게 어린 시절은 별로 기억하고 싶지 않은 시간이었다. 폭력적인 엄마의 학대를 일상적으로 견뎌야 했기에 그 기억을 꺼내는 것조차 힘들어했다. 처음에 그녀는 "다 지나간 일이다", "엄마는 좋은 분이지만 상황이 좋지 않았다"라는 말로 어린 시절 이야기를 덮어두고 싶어 했다. 어쩔 수 없이 이야기를 해야 할 때에도 중요한 장면들에 대해서는 기억이 잘 나지 않는다고 얼버무리거나 힘든 기억에 대해서는 빨리감기를 하듯 서둘러 지나가려고 했다. 때로는 "예전에 비해 지금은 엄마와 관계가 좋다", "이미 엄마를 용서했다", "앞으로가 중요한데 왜 예전 얘기를 해야 하는지 모르겠다"라는 말로 과거의 일들을 억누르고 무시하려 했다.

하지만 억압은 완전한 성취에 이르지 못하게 한다. 억압된 것은 반드시 어떤 방식으로든, 어떤 모습으로든 귀환한다. 제대로 돌봐주지 못한 상처는 마치 그 자체가 생명력을 가지고 있는 것처럼 끊임없이 치유를 요구하고 언제라도 표출될 통로를 찾아다닌다. 끈질기게 신호를 보내고 문을 두드리는 것이다. 외면하고 억압할수록 꽉 눌린 용수철이 튀어오르듯 더 강력한 힘으로 밖으로 나오기를 기다릴 뿐이다.

과거의 억압된 상처는 시공간과 대상을 분별하지 못한다. 그래서 현재를 사는 것을 방해한다. 어쩐지 과하다고 생각되는 내 모습, 느닷없이 떠오르는 예상치 못한 장면을 들여다보면 제대로 치유받지 못한 상처가 깊이 숨어 있는 것을 발견할 수 있다.

다인 씨가 자신의 상처를 인정하는 데에는 어느 정도 시간이 필요했다. 그녀는 상담실 안에서 힘겨웠던 기억을 하나둘 꺼내놓으며, '상처를 드러내도 괜찮다'는 안전함을 느끼고 나서야 자신의 상처를 인정하기 시작했다. 그러다 보니 그저 플래시백처럼 순간의 장면으로만 남아 있던 기억들도 구체적으로 떠올랐다. '기억해도 괜찮다', '표현해도 안전하다'는 것을 깨닫자 깊은 곳에 감추어져 있던 기억에 다가갈 수 있는 마음의 길이 열린 것이다. 그리고 그녀가 그토록 잊고자 했던, 겹겹이 감춰 가려놓았던 그것은 바로 그녀에게 가장 큰 충격과 수치심을 남긴 기억들이었다.

어느 날 그녀는 파리채로 무자비하게 폭행하는 엄마를 피해 식탁 밑으로 숨어들어가 바들바들 떨고 있는 어린 자신의 모습을 떠올렸다. 깊은 수심에 잠긴 돌처럼 거기에 있는 줄도 몰랐던 무겁고 무서운 기억이었다. 그리고 그 기억 속에는 그녀의 가장 여리고 본질적인 마음이 담겨 있었다. 이 기억을 꺼내는 동안 그녀는 평소의 그녀답지 않게 격앙된 모습이었다. 기억을 옭아맸던 많은 감정들이 그야말로 두서없이 쏟아져 나왔다. 전에는 너무 무서워서 마주하기조차 힘들어했던 수많은 치열한 감정들, 당시에는 그 어떤 언어로도 표현하기 어려웠던 복잡한 생각들, 한편으로는 너무 낯설기도 하지만 또 한편으로는 너무 익숙하기도 한 깊은 감정과 생각들을 눈빛으로, 몸짓으로, 언어로 표현하기 시작했다. 감정과 생각을 하나하나 표현하고 자신만의 언어로 말해보는 것은 중요한 치유 과정이다. 그래야 자신의 기억과 감정에 대해 두려움이 아닌 통제감을 가질 수 있기 때문이다.

어느 정도 그녀의 이야기가 모이고 정리가 되어갈 즈음, 그녀에게 질문을 던졌다.

"큰 상처로 힘들어하는 어린 나에게 어른이 된 지금의 나는 어떤 말을 해주고 싶은가요?"

나는 이 질문을 어린 시절 힘들었던 감정적 기억을 풀어놓은 사람들에게 자주 한다. 여기에는 몇 가지 이유가 있다. 혼자서 감당해야만 했던 그 시절의 상처를 이제는 홀로 감당하지 않아도 된다는 것, 스스로의 상처를 위로해줄 수 있을 정도로 잘 살아온 자신의 힘을 느끼는 것, 그럼으로써 상처가 힘으로 전환되기를 바라는 마음, 그것이 이 질문을 하는 이유다.

"어떤 말로도 위로가 되지는 않을 것 같아요. 괴물로 변한 엄마와 단둘이 있는 아이가 너무 가여우니까요. 저는 그냥 말없이 안아줄 거예요. '얼마나 무섭고 힘이 드니? 얼마나 억울하고 화가 나니?'"

이제야 다인 씨는 식탁 밑에서 두려움에 떨고 있는 아이의 마음속 분노를 이야기하기 시작했다. 전에 그녀는 그 분노를 스스로에게조차 표현해본 적이 없기에 자신의 마음에 대해서조차 막연한 두려움을 느끼고 있었다. 그리고 혼자서 감정을 소화하려다 보니 오히려 상처는 형체를 알 수 없을 정도로 점점 더 커져만 갔다. 하지만 그럴수록 그녀는 더 강하게 감정을 억압하는 방식을 택했다. 왜냐하면 괴물 같았던 엄마는 그 순간이 지나면 거짓말처럼 자식을 위해 많은 것을 희생하는 불쌍한 엄마, 천사처럼 착한 엄마가 되었기 때문이다.

"엄마가 너무 불쌍하고 안쓰러워 보였어요. 지금도 마찬가지예요. 엄마의 삶이 어땠는지 아니까, 그래도 저를 포기하지 않고 이만큼 키워준 거니까 차마 엄마에게 화를 낼 수가 없죠."

이런 마음 때문에 그녀는 마음 놓고 엄마를 미워할 수가 없었다. 그녀는 엄마가 좋으면서도 어려웠고, 때때로 어떤 기억에 휘말려 숨이 막힐 듯한 마음에 시달렸다. 그리고 이런 마음은 엄마뿐 아니라 다른 사람들과의 관계에도 영향을 미쳤다. 사람들의 호의도 그냥 받아들이지 않고 일단 의심부터 했다. 예고 없이 극단적으로 돌변하는 엄마처럼 사람들도 쉽게 변할 것 같아 두려웠다.

'지금은 이렇게 잘해줘도 언제 돌변할지 몰라.'
'웃으며 내게 친절하게 구는 데에는 분명히 다른 속내가 있을 거야.'

관계 속 작은 오해와 갈등에 그녀는 쉽게 불안해졌다. 이유 없이 분노를 터뜨리고는 수습하지 못하는 상황들도 자주 생겼다. 이런 일이 반복되자 결국 그녀는 자신을 싫어하게 되었다. 의심했다가 의심이 오해였음을 받아들이고 나면 안도하는 동시에 자책감이 밀려왔고 자기혐오의 감정이 쌓였다. 마음자리가 한곳에 모이지 못하다 보니 심리적인 떠돌이의 삶을 살며 사소한 것에도 분노하고 의심하는 자기 자신과 싸우며 살 수밖에 없었다.

상처로 점철된 어린 시절을 보낸 사람들은 거대한 착각과 환상 속에 사는 경우가 많다. 자신에게 일어난 그 '일'이 나쁘고 아프고 힘든 것이었을 뿐인데, '자기 자신'을 나쁘고 아프고 힘든 사람이라고 단정 짓기 시작하는 것이다. 한번 이런 착각과 환상을 품으면 계속해서 같은 방식으로 자기 밖에 있던 경험을 자기 안에 있던 것으로 내면화한다. 경험이 나빴던 것인데 자기가 나빴다고 자책한다. 나쁜 경험을 건강하게 소화해낼 힘이 없는 것이다.

성장 과정에서 이런 일이 반복되면 아이는 자신을 미워하고 스스로와 끊임없이 다투며 자라게 된다. '내가 나쁘니 나쁜 일을 당해도 마땅해'라는 무의식적인 전제를 품고 있기 때문에 그런 자신에게 좋은 일이 생길 리 없고, 생겨서도 안 된다는 생각을 한다. 스스로의 행복에 반하는 선택을 해버리기도 한다. 과거의 상처는 이런 방식으로 힘든 시간을 지나온 사람에게 또 다른 힘든 시간을 예고한다. 상처의 악순환에서 벗어나지 못하게 한다.

과거의 나와 현재의 나 모두를 안아줄 것

아이에게 엄마는 자기를 비추는 세상에서 가장 강력한 거울이다. 아이는 엄마가 자신을 대하는 태도를 바탕으로 자기 자신에 대한 태도를 결정하고, 엄마를 향한 자신의 마음을 바탕으로 타인을 바라보게 된다. 다시 말하면 아이는 '엄마가 나를 사랑해주는 걸 보니 나는 사랑스런 사람이 분명해', '나는 엄마를 사랑해. 그러니 다른 사람도 사랑할 수 있어'라고 마음속으로 생각하는 것이다.

하지만 나를 사랑하는 엄마의 태도가 일관적이지 않을 때 아이는 자신과 엄마는 물론이고 타인에 대해서도 선뜻 다가가 관계를 맺는 데 부담을 느낀다. 이런 내적 갈등을 반복하다 보면 아이는 사람을 신뢰하지 못하고 의심하고 불안해하느라 본래는 자신의 잠재력을 발현하기 위해 써야 했을 많은 에너지를 소진하고 만다.

다인 씨도 삶에서 이런 갈등과 시행착오를 반복했다. 그녀는 자신의 상처조차 부정하고 억압하며 살아왔기에 자신을 충분히 안아줄 수 없었고, 불신 때문에 타인에게 다가가는 시도조차 해볼 수 없었다. 자기를 잘 몰랐던 그녀는 스스로를 무작정 미워하고 화를 내는 삶을 살아왔다. 하지만 일단 가슴속에 쌓아두었던 이야기를 밖으로 꺼내놓기 시작하자 화를 내야 하는 대상은 자기 자신이 아니라 그렇게 된 상황과 과정이라는 것을 알게 되었다. 그녀는 기억을 꺼내놓으면 꺼내놓을수록 자신을 많이 안아줘야겠다는 생각이 든다고 했다.

"알고 보면 너무 안됐는데, 왜 그렇게 저 자신을 몰아세우기만 했는지 모르겠어요. 이제부터는 정말 저를 좀 많이 안아줘야 할 것 같아요."

그녀의 이 말은 과거의 자신은 물론, 그로 인해 힘들게 살아온 현재의 자신도 더 깊이 안아주겠다는 의미였다. 이때 안아주기는 단순히 물리적, 신체적인 것만 의미하지는 않는다. '안아주기holding'는 본래 의존적인 아기가 엄마라는 환경으로부터 필요로 하는 모든 모성적 돌봄과 공감, 지지, 사랑을 의미한다. 그리고 이것은 억압된 기억들이 잘려나가고 어린 시절 상처들로 인해 분절된 자신이 아니라, 나라는 한 사람을 전체적으로 인식하고 과거에서 현재로 또 현재에서 미래로 나아가는 능동적인 존재로 바라보는 것을 의미한다. 근본적인 치유를 위해 이런 인식 전환은 중요하다. 과거의 상처로 인해 스스로를 미워하고 다투며 살던 사람이 그 상처를 보듬고 안아주기 시작할 때 그녀는 더 이상 과거의 잔재 속에 살지 않게 된다.

스스로를 안아주기로 했다는 마음의 선언을 들으며 다행스러운 마음으로 상담을 마무리하려던 찰나에 그녀는 더 놀라운 이야기를 덧붙였다.

"선생님, 저는 저만 안아주는 것이 아니라 엄마도 안아주고 싶어요. 엄마가 그렇게 해놓고는 혼자 엄청 우는 거, 저 자주 봤거든요. 그래서 엄마를 마음 놓고 미워하고 따지지도 못했어요. 사실 그랬기 때문에 결국엔 엄마도 제대로 안아주고 용서할 수도 없었던 것 같아요. 하지만 이제는 해보고 싶어요. 엄마를 마음껏 미워도 해보고 엄마 때문에 힘들었던 나를 안아주기도 하고 그런 다음에는 불쌍한 우리 엄마…… 너무 불쌍해서 괴물이 될 수밖에 없었던 엄마를 꼭 안아주고 싶어요."

결국 그녀는 단순히 과거에서 벗어나는 것 그 이상을 성취했다. 그녀는 '안아주기'의 진정한 의미를 알게 된 것이다.

일단은 나부터 충분히,
그런 다음에 엄마도 안아주기

파리채 들고 눈이 뒤집혀서 소리를 지르는 무시무시한 괴물이 된 엄마를 마주해야 하는 아이도 외롭고 힘겹지만, 자신의 스트레스를 딸에게 화풀이하듯 쏟아내야 하는 엄마도 외롭고 힘겹다. 아이에게도 안아주는 엄마가 필요하지만, 엄마에게도 안아주는 누군가가 필요하다. 그때 엄마 옆에 누군가가 있었다면 어쩌면 엄마는 자신의 스트레스를 제대로 표현하고 소화시킬 수 있는 힘을 기를 수 있었을지도 모른다. 하지만 엄마는 혼자였다. 엄마 역시 외롭고 불안하고 혼란스러운 현실에 홀로 방치된 사람이었다.

이런 이야기를 듣기 전까지 나는 그녀가 불쌍한 엄마라는 감각, 그 감각에 기대어 기억을 억압하고 그럼으로써 스스로를 소외시키는 상처의 악순환을 돌고 있다는 사실에만 집중했다. 그래서 자신의 기억을 완전히 기억하고 안아줌으로써 피해자가 아닌 생존자이자 주인공이 되는 것의 중요성을 그녀의 마음속에 심어주는 것이 치유의 본질이라 믿었다. 하지만 그녀가 생각한 치유의 본질은 더 큰 동그라미를 그리고 있었다. 그녀의 이야기를 통해 '안아주기'의 진짜 힘을 느낄 수 있었던 것이다.

충분히 사랑받은 사람만이 기꺼이 누군가를 사랑해줄 수 있는 것처럼, 상처받은 내 마음을 충분히 안아줄 수 있을 때 우리는 상처받은 타인의 마음도 진심으로 기꺼이 안아줄 수 있다.

물론 여기에서 절대로 잊지 말아야 할 두 가지 중요한 점이 있다. 하나는 나 자신을 안아주는 것과 엄마 또는 타인을 안아주는 것 사이에 순서가 바뀌어서는 안 된다는 사실이다. 언제나 내가 우선이어야 한다. 내가 나를 온전히 이해하고 받아들이기도 전에 타인을 이해하고 받아들일 수는 없기 때문이다. 다른 하나는 이 모든 안아주기와 헤아림의 과정은 외부 '강요'가 아니라 자신의 '선택'이어야 한다는 사실이다. 타인에 대한 공감과 수용은 언제나 나 자신에 대한 공감과 수용을 바탕으로 이루어져야 한다. 일단 나 먼저, 그 다음에 엄마라는 것이다. 그리고 이 모든 것이 '해야 한다'는 감각이나 압력이 아닌 '하고 싶다'는 내면의 욕구와 충동에 기대어 이루어져야 한다. 그런 때에야 비로소 엄마를 향한 진정한 공감과 안아주기가 가능하다.

그저 상처를 서둘러 봉합하고 싶은 마음에, 혹은 사회 또는 타인의 강요로 엄마의 마음을 '헤아려야 한다'고 생각한다면, 그것은 진정한 공감과 치유를 이끌어내지 못한다. 하지만 다인 씨에게는 그 모든 순서가 분명해 보였다. 그녀는 엄마의 마음을 헤아리느라 자신을 부정하지도 않을 뿐만 아니라 긍정하기 위해 엄마를 밀쳐 내지도 않겠다고 했다. 일단은 자신을 안아주고 그 마음으로 엄마도 안아주겠다고 했다.

상담을 마치고 나니, 우리 사회의 다른 어두운 장면들에 대한 또 다른 실마리도 보이는 듯했다. 우리는 종종 엄마에게 학대당하는 아이들에 대한 이야기를 듣는다. 그럴 때마다 무겁고 복잡한 마음이 들고, 엄마가 되어 어떻게 그럴 수 있느냐며 화를 내고 당장 처벌해야 한다고 비난한다. '그런 엄마'와 '그렇지 않은 엄마'를 분명하게 가를 수 있다고 믿기도 한다. 하지만 이런 식으로 접근하면 그들이 어떤 과정을 거쳐 그런 괴물이 되었는지에 대한 근본적인 이해로부터는 멀어질 수밖에 없다. 그들에게 진정 필요한 것은 강력한 처벌이나 무차별적인 비난, 혹은 공격이 아니라 그런 공격성 밑에 깊이 잠겨 있는 좌절감을 표현하고 안길 수 있는 대상과 심리적인 장치는 아닐까?

굳이 이해하려 하지 말고
애써 용서하려 하지 말고

"엄마를 용서할 수도 없고 이해할 수도 없는데, 그런데도 용서하고 이해해야 한다면 저는 어떻게 해야 할까요?"

어떤 드라마에서 주인공이 던진 질문이다.

'해야 한다'는 압박감 때문에 마음이 그렇지 않은데도 억지로 용서한다 해서 쉽게 될 리가 만무하다. 오히려 '해야 한다' 속에 담긴 딸의 도리와 역할, 성숙이라는 상식과 강요로 마음이 무거워져 더 움직일 수가 없다. 어쩌면 그렇게 할수록 마음은 점점 더 괴로워져 딸들은 엄마를 위해서가 아니라 괴로운 자신의 마음으로부터 벗어나고 싶어진다. 엄마를 위해서가 아니라 자신을 위해 용서하려는 것이다. 하지만 그 역시도 상처가 깊고 복잡한 만큼 쉽지 않다.

드라마에서 질문을 받은 그 여성은 어떤 답을 했을까? 정확히 기억은 나지 않지만, 아마도 이런 대답을 했던 것 같다. 그리고 그 말을 들은 주인공은 엄마에게 조금 더 가까이 다가가는 걸 보았다.

"엄마를 이해해야겠다든지, 용서해야겠다든지, 엄마가 나에게 왜 그랬을까라든지…… 이런 것 생각하지 말고 그냥 남인 것처럼 엄마의 하루를 생각해 봐. 엄마가 아침에 일어나 하는 일, 점심을 먹는 모습, 혼자 집 정리를 하는 모습, 그러다가 혼잣말을 중얼거리거나 한숨 쉬는 모습을 마치 영화를 보듯 그냥 따라가 보는 거야. 그러면 어느 순간 용서하고 이해해야겠다는 의식조차 하지 못한 채 엄마를 받아들이게 돼."

우리는 때로 누군가가 자신에게 상처를 입혔다는 이유로 그 대상에게 너무 큰 의미와 권한을 부여한다. 그리고 하루 빨리 상처를 극복해야만 하고 상처를 준 사람이 가족이나 엄마처럼 친밀한 사람일 때에는 용서해야 한다고 스스로를 다그친다. 그래서 상처를 충분히 살피기도 전에 서둘러 봉합하고 지나가게 되기도 한다.

상처는 너무 커서 어쩔 수 없는 것도, 너무 사소해서 그냥 덮어버려야 하는 것도 아닌, 하나하나 제대로 기억하고 덤덤하게 흘러가야 하는 어떤 것이다. 상처를 너무 크고 특별한 것으로 민감하게 받아들이는 것은 상처를 극복하는 데에 방해가 된다.

상처는 일상적이고 보편적인 것으로 생각해야 한다. 돌이킬 수 없는 어떤 것도 아니고, 절대로 일어나서는 안 될 사건도 아니다. 아무리 엄마와의 관계가 상처로 점철되어 있다고 해도 결국 엄마도 나도 언제나 상처 그 이상이기 때문이다.

무소건 용서해야 하는 것도 아니고, 화가 나면 화가 난 대로 슬프면 슬픈 대로 서운하면 서운한 대로 상처 감각을 제대로 인식할 수 있어야한다. 그래야 그 상처를 넘어 더 말끔해진 얼굴로 서로를 볼 수 있다. 특히 엄마와 딸의 관계는 상처가 없어야 하는 관계가 아니라 오히려 날마다 상처를 받더라도 그 상처에 대해 이야기할 수 있는 관계여야 한다.

우리는 상처를 외면하고 억압하고 싶어 하지만 그럴수록 제대로 기억하고 담담히 직면하고 세심히 보살펴주어야 한다. 그래야 비로소 지나가고 싶은 경험은 지나갈 수 있게 되고 알 수 없는 감정의 힘에 휘둘리지도 않게 된다. 내가 내 기억과 경험에 대해 내 목소리로 이야기할 수 있을 때 나는 그 경험의 일방적인 피해자가 아니라 그 기억의 주체로서 그리고 그 모든 경험들을 지나온 생존자이자 그럼에도 잘 성장해온 내 삶의 주인공으로서 나를 다시 세울 수 있다.

나도 엄마도, 상처 그 이상이다.

더 들여다보기

용서, 상처로부터 벗어나기 위해 필요한 마음의 기술

상처받은 내 마음부터 인정한다

엄마를 용서하기 위해서는 일단 내가 상처받았다는 사실을 스스로 받아들이는 것이 필요하다. 용서는 엄마를 위함이 아닌 나를 위해서, 또 엄마의 요청이나 다른 사람들의 강요에 의해서가 아닌 나의 선택으로 이루어져야 한다. 용서하는 과정 속에서는 내 마음의 평안을 위한 최선이 무엇인가를 묻는 것이 중요하다.

마음의 물길을 과거가 아닌 미래로, 상처가 아닌 성장으로 돌린다

용서하기 위해서는 내가 못 받은 것, 결핍된 것, 엄마로부터 상처받아 패인 마음에 집중하기보다는 용서를 통해 앞으로 얻을 수 있는 것, 상처를 딛고 일어서서 커질 내 마음에 집중한다. 용서는 우리의 과거를 변화시키지는 못하지만 미래를 변화시키고 새로운 관계의 가능성을 열어준다.

다양한 관점으로, 다양한 감정을 살핀다

용서가 어려운 이유는 엄마에 대한 감정이 하나의 골로 오래 패여 있기 때문이다. 흐르지 않는 감정, 움직여지지 않은 마음을 안고 있음에도 '엄마니까, 딸이니까 서로 용서해야 한다'라는 관계의 압박을 받는다면 우리 마음은 또 다른 상처를 안게 된다. 그보다는 엄마를 다양한 관점에서 볼 수 있는 방법을 찾고, 내가 오래 머물러 있는 하나의 감정 이외에 다른 감정은 없는지 살피는 것이 필요하다. 용서는 고여 있고 응어리져 있던 내 마음을 흐르기 시작할 때 더 자연스럽게 이루어지기 때문이다.

용서를 위한 노력의 마지노선을 정한다

용서를 하는 과정에는 노력이 필요하고 때로는 용서를 하기 위해 애쓰는 것보다는 용서하지 않고 넘어가는 것이 나를 위한 최선이 될 수 있다. 그러므로 용서를 위해 어느 정도 노력을 할 것인지에 대한 나만의 마지노선을 미리 세우는 것은 중요하다.

다른 사람이라면 그 마지노선을 더 짧게 잡겠지만 엄마를 용서하는 과정에서 이 마지노선은 복잡하게 뒤얽히고 흐려질 가능성이 크기에 이 경우에는 보다 더 냉정하고 구체적인 계획이 필요하다.

내 마음의 평안을 찾기 위한 용서는 할 수 있는 데까지 노력해 봐야 하지만 그것이 '끝까지, 무슨 일이 있어도 해내야 하는 목표'를 의미하는 것은 아니다. 적당한 포기의 지점을 찾는 것도 중요하다.

용서를 한 후의 관계에 대해서도 그려본다

용서를 했다고 해서 모든 것을 다 잊고 상처받기 이전의 상황으로 돌아가야 하는 것은 아니다. 용서를 한 후라고 해도 관계를 예전처럼 유지할 수 없을 때가 더 많다. 따라서 용서를 하되 내게 편한 관계의 거리나 모습에 대해 구체적으로 그릴 수 있어야 용서하기가 더 쉬워진다.

Chapter 12

셀프 스토리텔링,
나다운 삶을 찾아가는 여정

내 마음의 소리

"나는 중요한 사람도 아니고, 혼자서는 아무것도 할 수 없어요."

엄마라는 환경은 분명 우리가 스스로 선택할 수 없는 강력한 시작점이었습니다. 하지만 그렇다고 해서 엄마가 마지막 점까지 결정해 주는 사람은 아닙니다. 삶의 시작은 선택권 밖에 있었다 해도 그 이후의 삶에서 우리가 가진 선택의 힘은 생각보다 크고 넓습니다. 그럼에도 처음이 힘들었던 많은 사람들은 마치 처음의 영향력이 결정적이고 변화 불가능한 것처럼 생각하고 무기력과 냉소, 부정적인 관점 속에 스스로를 제한하는 경향이 있습니다. 그렇기에 부정적이고 냉소적인 엄마 때문에 힘들었던 많은 딸들은 엄마의 이야기를 자신의 내면에 심어둔 채 자신만의 이야기를 다시 쓸 생각을 하지 못합니다. 그런 딸들에게는 자기 안에 존재하는 강력한 내면의 이야기인 자기 서사를 새롭게 가다듬을 시간이 필요합니다.

그래서 이번 장의 주제는 자기 서사self-storytelling입니다. 자기 서사는 우리 삶 속에서 일어나는 사건들에 의미를 부여하는 방식과 삶에 대한 태도를 보여줍니다. 엄마라는 최초의 환경에 의한 일방적인 희생자 자리에 머물기보다는 스스로 엄마를 대하는 태도(더 나아가 세상을 대하는 태도)를 선택하고 바꿀 수 있는 힘을 길러나가는 것이 중요하다는 이야기를 하고자 합니다. 그래야 비로소 엄마의 딸 또는 누군가의 무엇이라는 정해진 운명이 아닌, 오직 나로서의 삶, 나다운 삶을 찾아가는 여정 위에 나를 올려놓을 수 있을 테니까요. 그리고 다른 누구도 아닌 나의 삶, 나의 이야기를 만들어가는 참된 자유와 행복을 향해 나아갈 수 있으니까요.

다가오게 할 수도,
밀어낼 수도 없는 관계의 악순환

미진 씨는 소심하고 부정적인 자신의 성격이 마음에 들지 않아 집단 상담에 참여했다. 그녀는 나름대로 노력해왔지만 아무리 해도 바뀌지 않는 자신의 모습에 깊은 회의와 답답함을 느끼고 있다고 했다. 상담 시간 내내 못하는 것, 못난 것, 힘든 것투성이인 자신의 이야기를 늘어놓기에 바빴다.

"이렇게 말하면 성숙하지 못하다고 할지 모르겠지만, 언제나 불안해하고 부정적이고 희생하는 엄마와 가부장적이고 냉정한 아빠의 안 좋은 점만 죄다 빼닮은 데다가 그런 부모님 밑에서 자랐으니 제가 구제불능인 게 당연하죠. 모두 저를 미워하고 떠나요. 남아나는 관계가 없어요."

자신에 대해 부정적이고 비관적인 관점을 가진 그녀는 어떤 위로와 긍정의 이야기를 해도 받아쳐내느라 바빴다. 한번은 외모에 대한 비관적인 생각을 늘어놓는 그녀에게 누군가가 이런 얘기를 했다.

"외모가 마음에 안 드신다고 했지만, 전 처음에 봤을 때 인상이 정말 좋다는 생각을 했어요. 호감 가는 외모에 눈도 딱 제가 좋아하는 스타일의 눈이에요."

하지만 그녀는 그 말이 끝나기가 무섭게 손사래를 치며 마치 자신에게 어울리지 않는 스티커를 떼어내기라도 하듯 재빨리 받아쳤다.

"사람들이 속는 거예요. 다른 사람 눈치를 많이 보니까 그저 밝은 척하는 것뿐이죠. 얼마 안 가서 다들 저에게 질려 떠난다니까요. 칭찬을 받아도 저를 놀리나 싶어 더 기분이 나쁘고요."

부정적이고 비관적인 그녀의 이야기를 들은 사람들은 처음에는 자동적으로 그리고 집단적으로 그녀를 위로해야겠다는 목표의식을 향해 마음을 모았다. 하지만 '연민'과 '위로'는 다른 사람들이 그녀를 위해 모아주는 힘일 뿐 진심으로 원하는 것은 아니었으므로 그 힘이 온전한 기능을 하지 못했다. 그러다 보니 그녀는 언제나 사람들 속에서도 소외감을 느꼈다.

시간이 갈수록 그녀를 향해 모였던 다른 사람들의 마음이 그녀의 마음속 반사판을 뚫지 못하고 허공으로 흩어지고 말았다. 그녀는 한편으로는 '저를 도와주세요!'라고 말하면서도, 결국엔 '누구도 저를 도와줄 수는 없을 거예요'라고 단정했다. 그리고 자신을 열심히 드러내는 동시에 최선을 다해 감추기를 시도했다. 사람들은 그녀가 진심으로 전하고 싶은 마음과 상처가 내뱉어내는 실제 말들 사이에서 혼란스러울 수밖에 없었다. 처음에는 열심히 위로하며 그녀에게 다가갔던 사람들이 무안함을 느끼거나 좌절하거나 답답해하며 지쳐가곤 했다.

흔히 의지했던 사람으로부터 깊이 상처받은 경험이 있는 사람들이 그녀 같은 모습을 보인다. 상처로부터 스스로를 방어하기 위해 냉소로 무장한 채 무기력의 막 속에 들어가 있는 것이다. 또다시 상처받기가 두렵기 때문이다. 하지만 아이러니하게도 그들은 그렇게 타인의 마음을 자신에게 닿는 것을 거부하면서도 한편으로는 그것을 기다린다. 이런 기대감은 점점 더 그들의 마음을 차갑고 딱딱하게 만든다. 스스로 마음의 문을 단단히 걸어 잠그고 타인의 초대를 거부하면서도 그 누구도 다가와주지 않는다며 더 깊이 냉소하고 무기력해지는 것이다. 상처받기를 거부하며 자신이 가장 원하고 필요로 하는 것도 함께 거부하는 것이다.

"저를 어떻게 할 수는 없을 걸요? 결국 당신도 저를 구제불능이라고 여기고 떠나버릴 게 분명해요. 그리고 그런 당신 역시 구제불능일지도 몰라요."

그녀는 끊임없이 부정적이고 냉소적인 태도로 사람들을 시험했고, 그것을 견뎌낼 사람은 없었다. 그녀는 '사람들은 결국 저를 떠나요.'라는 자기만의 관계 공식을 만들어놓고 누구를 만나더라도 그 공식에 대입한 다음 '그럼 그렇지!'라고 반복적으로 상처를 재확인했다.

스스로 선택권을 놓아버린 어른아이

집단 상담을 마치고 얼마 지나지 않아 미진 씨는 개인 상담을 신청했다. 그런데 상담 시간 내내 부정적이고 감정적인 엄마와 냉담한 아버지에 대해 이야기했다. 삶에서의 스트레스를 자신에게 풀었던 엄마 때문에 자기 삶이 다 망가졌다는 것이다. 한 달을 만나도 두 달을 만나도 그녀가 자기 삶에 대해 설명하는 방식은 여기서 크게 달라지지 않았다. 자신의 삶은 온전히 억압적이고 미성숙한 부모님이 저지른 커다란 잘못 때문에 망가졌다는 것이었다. 이런 그녀에게는 '그래서 정말로 힘들겠구나' 같은 공감과 위로뿐만 아니라, '정말로 그러한지?'를 되묻는 냉정하고 현실적인 직면이 필요했다.

일단 그녀의 마음속에 내면화된 메시지를 점검하는 것이 중요했다. 그녀의 엄마가 심어 놓은 그녀와 타인, 그리고 세상에 대한 관점은 단편적으로 그려보자면 다음과 같았다.

나 : 나는 뭘 해도 잘 안 될 것이다.

타인 : 다른 사람은 믿을 만하지 않다.

세상 : 세상은 두려운 곳이다.

그녀는 엄마에게 반복적으로 "넌 안 돼"라는 말을 듣다 보니, '난 안 돼'라는 마음을 품게 되었다. 자기 자신에 대한 부정적인 이미지가 '내면화'된 것이다. 엄마가 일부러 그녀에게 '넌 안 돼'라는 메시지를 심어주려 한 것은 아닐 것이다. 어쩌면 이런 엄마의 차갑고 냉정한 말투 속에는 두려운 세상에서 믿을 만하지 못한 사람들에게 딸이 상처받고 힘들어할 것을 염려하는 사랑의 마음이 담겨 있었는지도 모른다. 하지만 이런 말을 들은 딸은 혼란스러울 수밖에 없었다. 의도가 어떠했든 엄마의 염려 섞인 말은 그녀에게 치명적이었다. 딸들은 엄마의 염려 섞인 말이 애초의 의도와는 달리 표면에 드러난 독성을 내면에 흡수하게 될 가능성이 크다.

언어의 힘은 강력하다. 나에게 가장 중요한 대상인 엄마가 나를 위해 하는 말을 딸은 완전히 소화시킬 수도 없고 또 냉정하게 쳐낼 수도 없다. 엄마의 딸인 이상 엄마의 말을 귀담아듣지 않는 딸이라 해도 엄마의 말을 마음에 담아두게 된다. 엄마의 말이 딸을 옥죄는 것이다. 표현되지 않은 응어리진 마음은 때로 시간이 갈수록, 경험이 쌓일수록 딸의 내면에서 더 커지거나 굳어진다. 엄마의 말은 이성이 아닌 감성으로, 머리가 아닌 몸으로 체화한다. '난 안 된다'는 이야기는 언제부터인가 엄마의 이야기가 아닌 그녀의 이야기가 되는 것이다.

'처음'의 힘은 강력하고 광범위하다. 그녀가 부정적이고 비관적인 가정 분위기 속에서 자랐다면 강력한 부정과 냉소는 어느 순간부터 그녀의 내면을 장악한다. 어린아이는 무기력하다. 환경에 저항하고 자신의 태도를 선택할 수 있는 힘도 크지 않고 그럴 권한도 없다. 그저 주어진 환경에 적응하기 위해 본능적으로 최선을 다할 수밖에 없다. 하지만 그런 적응 방식이 결국에는 아이의 내면을 해치는 독이 된다. 환경이 과도하게 기울어지고 왜곡되었을수록 아이 역시 과도하게 기울어지고 왜곡된다. 그리고 그 힘은 너무 강력해서 어른이 되어 자신을 둘러싼 많은 것을 선택할 수 있는 힘을 갖게 되었을 때조차 어릴 때 배운 그대로 자신은 아무것도 할 수 없다는 믿음을 가지게 된다. 결국 선택할 수 없음을 '선택'하게 된다.

안 된다는 생각은 스스로를 위축시키고 괴롭히기 때문에 그녀는 이 모든 말의 굴레를 벗어날 시도를 하기도 했다. 하지만 아직 자기 안에 심어진 부정적인 이론을 전복할 만큼 충분한 것은 아니었다. 그녀는 엄마의 말을 전복시킬 만한 증거보다는 '난 안 돼'를 뒷받침하는 증거들에 더 쉽게 마음이 흔들렸다. 그럼으로써 '그것 봐! 역시 난 안 돼'라는 마음이 더 큰 경험의 증거를 확보하고 그녀 안에서 힘을 키워갔다. '해도 안 되더라'는 그녀의 좁은 경험

세계 속에서만큼은 진실이고 진심이었다.

시도를 해보기도 전에 "안 될 거야"라고 말하는 것은 그녀를 좌절시키기도 했지만, 한편으로는 묘한 안도감을 주기도 했다. 익숙한 냉소의 방어막 속에 자신을 가두고 그 안에 웅크리고 있으면서 한편으로는 누군가가 철옹성 같은 자기 내면의 성벽을 뚫고 와서 구해주기를 열망하면서도, 다른 한편으로는 그 성벽이 자신을 지켜준다고도 믿었다. 겉으로는 누군가가 '난 될 거야!'라는 걸 확인하고 증명해주길 바란다고 하면서도, 속으로는 '난 안 될 거야'라는 걸 믿었던 것이다.

그녀는 엄마를 원망하면서도(또 엄마를 원망하고 있기에) 오히려 엄마가 그녀의 삶에 드리운 그늘에 몸을 숨기고 쳇바퀴 돌 듯 그런 삶에서 벗어나지 못하고 있었다. 자기 삶을 사는 진짜 시도는 한 번도 해보지 않고 접힌 날개를 감히 펼쳐볼 생각조차 하지 못한 것이다. 그래서 펼쳐봐도 괜찮다고 말하는 사람들을 좌절시키며, 또 자기 안의 두려움을 뚫고 용기 내어 열심히 창공을 나는 다른 사람들을 질투하고 미워하기도 했다. 그것이 엄마의 딸로만 살아온 그녀의 삶이었다.

그녀는 심리적으로 다시 태어나는 과정이 필요해 보였다. 그녀도 '내가 행복하려면'으로 시작되는 문장의 뒷부분을 완성하는 문장 완성 검사에 '다시 태어나야 한다'고 적었다.

누구에게나
자기 삶을 바꿀 힘이 있다

가족은 우리 삶의 많은 관계들과 관계 속 역할에 대한 청사진을 제공하는 최초의 관계다. 우리는 가족 관계에서 형성된 역할과 가족 안에서의 경험을 통해 습득한 세계의 작동 모델을 마음에 품고 세상을 산다. 하지만 가족이 작은 사회를 상징한다고 해도 실제 세상은 다른 면이 많다. 그래서 가족으로부터 독립하는 과정에서 우리는 자기 자신을 설명하는 방식, 그리고 접촉하고 있는 현실을 바라보는 방식을 업데이트할 필요가 있다. 말하자면 자기 서사와 자기 규정을 재정립하는 마음 작업이 필요하다. 현실에 도움이 되지 않고 성장을 가로막는 내면의 설명 방식이 있다면 수정해나가야 한다. 물론 이 과정에는 크고 작은 혼란과 충격, 상처가 동반된다.

어느 날, 자신의 불행을 거슬러 올라가면 결국 엄마가 버티고 있다는 설명을 하며 분노하고 냉소하는 그녀에게 이런 말을 했다.

"솔직하게 얘기해볼게요. 엄마가 미진 씨에게 끼친 심리적인 해는 분명히 있었어요. 하지만 그것은 '예전'에 있었던 일이고 실제적인 해가 '지금'까지 가해지고 있는지는 모르겠군요. 미진 씨가 말하는 것처럼 엄마가 미진 씨의 삶을 여전히 총체적이고 치명적인 난국으로 몰아가고 있는지도 잘 모르겠고요. 더 냉정하게 얘기하자면, 미진 씨는 지금 스스로 불안하고 두려운 것을 모두 엄마를 내세워 그 뒤에 숨은 채 스스로 부딪쳐야 하는 것으로부터 피하고 있는 것처럼 보이기도 해요."

"물론 저도 알지요. 저라고 왜 모르겠어요. 그래서……."

말로는 동의를 하는 듯했지만 적당히 동의하고 지나가려는 듯 시선을 피했다. 그래서 다른 얘기를 꺼내려는 그녀에게 몇 번 더 같은 얘기를 반복하자 그녀의 얼굴이 점점 더 발갛게 달아올랐다. 수동적인 그녀는 사람들에게 자신의 불편한 감정을 표현하는 것도 어려워했기 때문에 필사적으로 자기 안의 화를 다독이려 노력하는 것 같았다. 그러더니 어느 순간 참기 어려웠는지 갑자기 화를 냈다.

"어떻게 그렇게 말씀하실 수 있죠? 엄마가 저에게 어떻게 해왔는지 다 들으셨잖아요."

"상처를 부정하는 것이 아니에요. 엄마가 미진 씨에게 잘못한 것은 맞아요. 상처를 받을 수밖에 없었던 것도 당연하고요. 하지만 과거에 상처를 입었다고 해서 지금 엄마가 하지도 않은 일로 혐의를 덮어씌울 수는 없잖아요. 과거에 상처받았다는 이유로 계속 상처를 주는 그 구조 속에 그대로 머물러 있을 필요는 없어요."

과거의 영향으로부터 벗어난다는 것, 우리 내면의 상처 각본을 폐기한다는 것은 우리가 가장 원하는 일인 동시에 가장 하기 힘든 일이기도 하다. 우리는 과거의 영향을 받는 존재이고, 환경은 우리에게 결정적인 영향을 미친다. 특히 힘이 없고 의존적인 상황 속에서 엄마의 영향력은 단순히 크다는 말로 다 설명할 수 없을 만큼 크다. 엄마와 함께해온 과거는 딸의 많은 현재를 지배한다. 하지만 아무리 강력하다 해도 과거가 현재를 결정하지는 않는다.

상처를 살피는 과정에서 우리는 가끔 길을 잃고 상처에 더 깊게 매몰될 때가 있다. 상대가 나에게 얼마나 큰 상처를 주었는가에 너무 오래 매달리기 때문이다. 하지만 엄마라는 환경이 나에게 얼마나 절대적인 영향을 미치는가를 규명하는 것도 중요하지만, 우리가 해야 할 질문은 결국 '상대가 나에게 얼마나 상처를 주었는가'가 아니라 '내가 앞으로 어떻게 할까'이다. 이 모든 상처를 둘러싼 원인 규명과 분석의 목표는 내가 내 삶의 주도권을 찾고 새로운 선택을 해나가기 위한 것임을 잊지 말아야 한다.

화를 낸 자신이 멋쩍었는지 그녀는 금세 다시 수동적이고 무기력한 모드로 돌아갔다.

"저에겐 제 삶을 바꿀 힘이 없는 것 같아요."

"미진 씨 삶을 바꾸라는 것이 아니라 삶에 대한 태도를 바꿔보자는 거예요. 엄마를 바꾸자는 것이 아니라 엄마에 대한 미진 씨이 관점을 바꿔보는 것, 과거를 바꿀 수 없다고 절망하기보다는 바꿀 수 있는 현재에 집중하는 것, 우리는 지금 그 얘기를 하고 있는 거예요."

어쩌면 상투적인 말 같지만 그녀에게는 가장 중요한 얘기였다. 그녀는 선택할 수 없다고 말하고 있었지만, 사실 그럴 때조차 그저 익숙하고 편한 기존의 삶의 방식을 선택하고 있는 것이었다. 이대로 상담을 마치면 앞으로 상담도 오지 않고 '상담자도 나를 지겨워하더라. 역시 나는 구제불능이고 다른 사람들도 마찬가지로 모두 구제불능이다'라며 원래의 자기 생각대로 이 상황을 해석할지도 몰랐다. 그래서 한 번 더 얘기했다.

"미진 씨가 한 번만 더 생각해봤으면 좋겠어요. 미진 씨 안에는 엄마가 짐 지우거나 타인이 짐 지운 자신의 이미지, 자신의 역할, 자신의 결함밖에 없나요? 진짜 그것밖에 없나요?"

그리고 그 질문은 미진 씨에게만 하는 말이 아니었다. '엄마의 ~한 딸' 혹은 '누군가의 무엇'이라는 자기 규정을 기반으로 살아오느라 자기 안의 다른 가능성을 스스로 발견하고 선택하지 못하는 순간, 우리의 마음속 수동성과 냉소성, 부정성에게 모든 마음을 내어주고 마는 우리 자신에게 하는 말이기도 하다.

누군가의 딸이 아닌,
온전한 나 자신이 될 수 있도록

딸들에게 엄마는 운명이다. 엄마가 딸에게 지운 그 관점이 긍정적이고 건강한 것이었든 그렇지 않은 것이었든 어느 순간 딸들은 엄마라는 운명에서 벗어나 자신의 관점으로 스스로를 보고 자신만의 이야기를 만들어나가며 다른 누구도 아닌 오로지 자신의 목소리로 삶을 노래해야 할 시기를 맞이한다.

엄마는 우리의 모든 '처음'이었고, 여전히 우리 곁에서 우리에게 큰 영향을 미치고 있다. 하지만 이것을 어쩔 수 없는 운명으로 받아들일 것인가, 아니면 우리의 생각과 취향에 맞춰 바꿔나갈 것인가는 이제 우리의 선택에 달려 있다. '나 자신'을 세우는 동시에 '관계를 초월한, 관계와 상관없이 내리는 나를 위한 선택'의 문제는 무수한 관계망의 한복판에 서 있는 우리가 필연적으로 성찰해야 하는 질문이다. 우리 생의 본질적인 목표는 '누구의 무엇'이 되는 것이 아닌 '나 자신'이 되는 것이기 때문이다.

부정성의 장막 속에 있는 한 어느 누구도 우리를 구원할 수 없다. 다른 누구도 아닌 나 스스로가 엄마와의 부정적인 상호작용을 통해 자신도 모르는 사이에 배워오고 배어 있는 부정적 자아상과 관계의 악순환을 버리지 않는 한 마음속에 깊이 각인되어 있는 관계 공식은 수정되기 어려울 수밖에 없다.

다른 사람들이 그녀를 피하는 것이 아니라 그녀가 지닌 부정성 바이러스를 피하는 것이라는 사실을 인식하는 것, 사람들이 자신을 떠난다고 했지만 사실은 자기가 사람들을 떠나게 하고 있다는 것, 어떤 것도 위로가 되지 않는다고 했지만 어떤 것도 위로로 받아들이지 않는 자신의 태도가 문제라는 것을 그녀는 직시할 필요가 있었다. 모든 변화가 그렇듯 변화는 외부가 아닌 내면에서 시작되어야 한다.

그녀는 몸이 아프다는 핑계를 대고 한 달 동안 상담실에 오지 않았다. 하지만 그 후부터 조금씩 세상에 마음을 열고 자신의 마음을 더 선명하게 바라보는 용기를 내기 시작했다. 그리고 점점 자기 안의 부정적이고 극단적이며 감정적인 메시지들을 세밀히 살피기 시작했다. 그러면서 막연히 크다고만 생각했던 엄마의 영향력을 더욱더 냉정히 바라보기 시작했다. 그러자 모든 것은 사소한 것들로부터 시작된다는 걸 깨달았다.

사소한 부정적 언어가 내면에 쌓이다 보면 이는 결국 단단한 시멘트같이 묵직하고 무거운 자기규정과 자기서사가 되어버린다. 그러면 이를 깨어나가고 새로운 마음의 길을 내는 것 역시 아주 사소한 시도들의 반복을 통해 이루어진다. 내 내면의 길이 건강하고 단단해지는 만큼 타인과의 관계도 점점 편해질 수 있다. 그렇게 그녀는 그 누구도 구제불능이 아님을 알았고, 이미 익숙한 부정과 냉소의 태도를 버리는 것도 선택할 수 있다는 것을 천천히, 하지만 분명히 알아가기 시작했다.

"삶을 바꿔야 하는 것이 아니라 삶을 대하는 태도를 바꿔야 한다는 게 이제는 어려운 게 아니라 더 쉬운 처방이었음을 알겠어요. 처음에는 그 말이 서운하고 억울하기만 했어요. 결국 내 잘못이란 뜻인 것 같았고, '선택할 수 있는데 바꾸지도 못하는 내가 못난 거다'라고 질책하는 것만 같았거든요. 하지만 제 인생인데 제가 바꾸지 않으면 누가 바꿔주겠어요. 지금도 힘들어요. 관계는 다 끊겼고 조금만 안 좋은 일이 생겨도 '그것 봐, 안 되잖아' 하는 마음이 먼저 고개를 들어요. 조금이라도 신경 쓰이는 일이 생기면 밤새 저 혼자 시나리오를 쓰면서 잠 못 자는 날들은 여전하고요. 게다가 이제 와서는 누구를 탓하기보다는 내 선택이 더 중요하다는 것을 알고 있으니 더 두렵기도 해요. 그래도 전과 다른 점이 있다면 '안 되잖아' 했다가도 조금씩 '될 수도 있어'라고 뒤늦게라도 생각할 수 있다는 거예요. 다른 사람을 오해하거나 탓하려고 하지 않으니까 한결 마음이 더 편해요."

결국 내가 엄마라는 운명의 일방적인 피해자가 아니라 그 운명의 생존자일 수도 있다는 사실과 타인과의 관계 속에서 긍정적인 상호작용을 상상하고 구현해나가는 운명의 개척자가 될 수 있다는 사실을 받아들이며, 그녀는 힘든 변화를 감행해나갈 수 있었다. 자기 삶에서 일어난 일들과 자신이 속한 환경을 어떻게 받아들이고 해석할 것인가를 스스로 선택하는 과정에서 쌓이게 된 마음의 힘이었다.

내 삶의 이야기는 내 손으로 써나가야 하는 것

상담자로 다양한 사람들의 삶을 듣게 된다. 그러다 보면 '실제로 어떤 일이 일어났는가?'보다 '어떤 설명 방식을 가지는가?'가 더 중요하다는 것을 경험하게 된다. 스토리 자체보다는 스토리텔링이, 실제 사실보다는 그 사실을 바라보고 의미를 부여하는 관점이 더 중요하다는 것이다.

자기 삶의 이야기를 엮어내는 '자기 서사'만큼 우리 삶에 대한 태도와 가치와 목표 의식을 잘 보여주는 것은 없다. 지금 나는 내 앞에 놓인 삶의 조건 속에서 무엇에 주목하고 있는가? 굴곡이 있을 수밖에 없는 삶의 우물에서 나는 무엇을 길어 올릴 것인가?

어떤 삶은 객관적으로는 풍족하더라도 내면은 공허하다. 또 어떤 삶은 극단적인 역경을 지나며 수많은 넘어짐과 부서짐의 위기에도 건재하다. 실제로 삶의 역경 속에서 완전히 넘어지거나 부서지지 않고 자신을 지켜온 사람들, 그렇게 자신을 지켜나가고 단련해나가는 과정을 보여준 삶에는 대체불가능한 아름다움이 있다.

그런 면에서 보면 모든 삶은 드라마이자 예술이며, 모든 삶의 사건은 우리를 한 단계 더 도약시키는 계기가 되는 씨앗을 품고 있다.

내 삶에 대해, 특히 내 삶의 최초의 대상이자 내 삶의 초기 환경 그 자체였던 막강한 엄마에 대해 나는 어떤 설명 방식을 택하고 있는가를 자주 살펴보자. 한쪽으로 기울어져 있지는 않은지 그러느라 삶의 다채로운 경험과 다양한 관점을 향유하지 못하고 살던 대로, 하던 대로 반복 구간만 돌며 살고 있지는 않은지 말이다.

엄마가 규정한 과거의 나는 기껏해야 나의 일부에 불과하다. 익숙하다고 해서, 항상 그래왔다고 해서 앞으로도 그래야 하는 것은 아니다. 우리는 과거가 아닌 미래로 향하는 존재이고 계속 앞으로 나아가야 한다. 나에게 상처를 주었던 과거는 이미 나를 지나갔고 나에게 상처를 주었던 그 사람은, 그 사람이 비록 엄마라고 할지라도 더 이상 같은 상처를 나에게 주지 못한다. 내가 더 이상 과거의 내가 아니기 때문이다.

나는 엄마의 딸인 동시에 있는 그대로의 나 자신이다.

나는 나의 과거가 아니다. 나는 지금 이 순간이다.

더 들여다보기

어제와 다른 나를 위해 잊지 말아야 할 마음의 태도

나를 위해, 내 삶을 선택하는 데는 용기가 필요하다

내가 내 인생의 서사를 '선택'할 수 있다는 사실은 우리에게 자유를 주기도 하지만, 한편으로는 부담을 지우기도 한다. 어떤 선택이든 새롭고 낯선 선택은 불안을 부추긴다. 그래서 우리는 종종 온갖 이유를 나열하며 선택을 포기하거나 선택하지 않기를 선택한다.

하지만 우리는 어제와는 다른 새로운 길로 나아갈 선택지를 택하는 용기도 내야 한다. 그럼으로써 그 누구의 탓도, 덕분도 아닌 온전히 내가 내 삶의 이야기를 짜나가야 한다. 다른 누구도 아닌 나 자신의 삶을 위한 선택이기 때문이다.

내 삶의 선택권과 번복권, 편집권은 나에게 있다

내 삶의 선택권과 편집권이 이제 나에게 있다. 내가 선택한 것이라면 그 선택을 번복할 수도, 수정할 수도 있다. 그리고 새 길을 내는 것도 결국 내 몫이다.

과거의 틀에 얽매어 스스로를 과소평가하지 말고 선택을 방해했던 사람들을 원망하는 데 너무 많은 에너지를 소진하지 말자. 과거의 틀을 벗어나 새로운 틀을 스스로 만들자. 고정된 틀을 벗어나 보면 생각보다 내가 활용하지 못한 내 삶의 선택권과 번복권, 편집권이 지닌 힘이 크다는 것을 깨닫게 될 것이다.

변화는 '지금 당장'이 아닌 '시나브로'

지금 당장 바꾸기 어렵다는 것도 받아들이자. 우리는 어쩔 수 없이 환경의 영향을 받는 존재이고 관성에 따라 어제 걷던 방식 그대로, 어제의 낡은 방식을 그대로 쓰는 존재임은 분명하다. 변하기로 마음을 먹는다고 바로 눈앞에 결과가 나타나는 것도 아니며, 변화의 결과로 얻게 될 효과가 그리 크게 느껴지지 않을 수도 있다.

그러니 변화를 결심한 시점에는 변화로 인한 결과가 내 안에 자리 잡고 분명한 모습으로 드러날 때까지 나에게 시간을 충분히 주는 것, 현실적인 목표의식을 갖는 것이 중요하다. 변화는 '지금 당장' 감행하는 것이 필요하지만, 변화의 과정에는 무수한 '일보

전진 이보 후퇴'의 위기가 끼어들 것이라는 점을 기억해야 한다. 그렇지만 한참 후 돌아보았을 때는 어느새 훌쩍 도약한 나 자신을 만날 수 있을 것이다.

에필로그

상처를 통해 성장하는 새로운 나

그러나 그녀는 진짜 여행을 했고, 이제 예전과는 달라졌다. 넬은 침대에서 빠져나와 거울을 들여다보려고 램프를 켰다. (…) 거기에도 그녀의 얼굴이, 평범한 갈색 눈동자가, 세 가닥으로 땋은 머리와 어머니가 싫어하는 코가 나타난다. 오랫동안 쳐다보다 갑자기 전율이 그녀의 온 몸을 훑고 지나갔다.

"나는 나다."

그녀가 속삭였다.

"나."

넬은 자신이 무엇을 말하는지 잘 몰랐지만 한편으로는 정확하게 그 의미를 알고 있었다.

"나는 나다. 난 그들의 딸도 아니고, 넬도 아니다. 난 나다. 나."

그녀가 '나'라는 말을 입 밖에 낼 때마다 힘 같기도 하고, 기쁨 같기도 하고, 두려움 같기도 한 어떤 것이 속에서 뭉쳐졌다.

-토니 모리슨, 《술라》 중에서

소설《술라》의 주인공 넬은 인생 첫 여행을 통해 도덕적 우월성을 가지고 항상 다른 사람들을 위에서 내려다보듯 했던, 반듯하고 빈틈없고 완벽했던, 그랬기에 넬에게 상처를 입혔던 엄마를 새로운 관점에서 볼 수 있게 되었습니다. 너무도 완벽해 보였던 엄마의 틈을 본 덕분에 넬은 자신에 대해 새롭게 인식합니다. 엄마의 틈이 상처가 아닌 성장의 계기가 된 것이지요.

모든 딸들에게는 넬의 순간이 있습니다. 엄마의 모순과 결핍, 틈은 딸에게 상처를 주지만, 어쩌면 그런 모순과 결핍, 틈이 있기에 딸들에게는 성장의 가능성이 열려 있습니다. 엄마와 다른 자신을 만들 수 있었지요. 엄마가 준 상처에 머물고 마느냐, 아니면 그 상처를 계기로 엄마와는 다른, 엄마에게서 분리된 온전한 나를 찾아나가느냐는 이제 그 딸에게 달려 있습니다.

자신이 그 누구의 딸도 아니고 다른 누군가가 규정해준 이름도 아닌 그저 '나'라는 한 사람이라는 사실을 깨닫는 순간, 넬은 전율하며 내면의 힘과 기쁨은 물론 두려움도 느꼈습니다. 비록 소설 속에서 넬은 그 전율을 실천하지 못했지만, 책을 집어든 이상 여러분은 여러분만의 넬적인 순간을 맞이해 진정한 자아 탄생의 계기로 삼을 수 있기를 바랍니다. 엄마 상처를 통해 일어서기를, 상처에 내포되어 있는 성장을 향한 자기 내면의 목소리와 의지를 잊지 않고 기억하기를 바랍니다.

상처받은 줄도 모르고 어른이 되었다

초판 1쇄 인쇄 2018년 6월 18일
초판 2쇄 발행 2018년 8월 10일

지은이 선안남 **펴낸이** 김종길 **펴낸곳** 글담출판사

기획편집 박성연 · 이은지 · 이경숙 · 김진희 · 김보라 · 김은하 · 안아람
마케팅 박용철 · 김상윤 **디자인** 정현주 · 박경은 · 손지원 **홍보** 윤수연 **관리** 박은영

출판등록 1998년 12월 30일 제2013-000314호
주소 (04029) 서울시 마포구 월드컵로8길 41
전화 (02) 998-7030 **팩스** (02) 998-7924
페이스북 www.facebook.com/geuldam4u **인스타그램** geuldam
블로그 blog.naver.com/geuldam4u

ISBN 979-11-86650-59-2 (03180)
책값은 뒤표지에 있습니다.
잘못된 책은 교환해드립니다.

이 도서의 국립중앙도서관 출판예정도서목록(CIP)은 서지정보유통지원시스템 홈페이지(http://seoji.nl.go.kr)와 국가자료공동목록시스템(http://www.nl.go.kr/kolisnet)에서 이용하실 수 있습니다.(CIP제어번호: CIP2018015917)

만든 사람들
책임편집 김보라 **표지 디자인** 임현주 **본문 디자인** 정현주 · 손지원 **교정 · 교열** 윤혜숙